Moral tributaria II

CONSTRUIR LA CONFIANZA
ENTRE ADMINISTRACIONES TRIBUTARIAS
Y GRANDES EMPRESAS

El presente trabajo se publica bajo la responsabilidad del Secretario General de la OCDE. Las opiniones expresadas y los argumentos utilizados en el mismo no reflejan necesariamente el punto de vista oficial de los Países miembros de la OCDE.

Tanto este documento, así como cualquier dato y cualquier mapa que se incluya en él, se entenderán sin perjuicio respecto al estatus o la soberanía de cualquier territorio, a la delimitación de fronteras y límites internacionales, ni al nombre de cualquier territorio, ciudad o área.

Por favor, cite esta publicación de la siguiente manera:
OECD (2022), *Moral tributaria II: Construir la confianza entre administraciones tributarias y grandes empresas*, OECD Publishing, Paris, https://doi.org/10.1787/cb5637e7-es.

ISBN 978-92-64-46664-7 (impresa)
ISBN 978-92-64-65100-5 (pdf)
ISBN 978-92-64-33658-2 (HTML)
ISBN 978-92-64-56520-3 (epub)

Publicado originalmente en inglés por la OCDE con el título: OECD (2022), *Tax Morale II: Building Trust between Tax Administrations and Large Businesses*, OECD Publishing, Paris, https://doi.org/10.1787/7587f25c-en.
La OCDE ha externalizado la traducción del presente documento. Las únicas versiones oficiales son las redactadas en inglés y francés.

Imágenes: Portada © Los elementos gráficos de la ilustración de la portada se han adaptado a partir de vectores, cortesía de Shutterstock.com.

Las erratas de las publicaciones se encuentran en línea en: www.oecd.org/about/publishing/corrigenda.htm.
© OCDE 2022

El uso del contenido del presente trabajo, tanto en formato digital como impreso, se rige por los términos y condiciones que se encuentran disponibles en: https://www.oecd.org/termsandconditions.

Prefacio

Una mejor comprensión de la moral tributaria, los motivos que inducen a los contribuyentes individuales y empresariales a participar en el sistema fiscal y cumplirlo, resulta valiosa para todos los países y partes interesadas. Las administraciones tributarias pueden beneficiarse de un mayor grado de cumplimiento y mayores ingresos, los contribuyentes estarán mejor atendidos por sistemas tributarios que responden a sus necesidades, mientras que el aumento de los datos y debates sobre la materia pueden ayudar a los investigadores a profundizar en su comprensión y a identificar posibles soluciones para mejorar el cumplimiento fiscal. También pueden beneficiarse otras partes interesadas, como los inversionistas que buscan influir en las políticas tributarias de las empresas en que invierten, los grupos de la sociedad civil que abogan por una mejora de las políticas tributarias y para los socios de desarrollo que buscan maximizar el impacto de la ayuda al desarrollo.

La línea de trabajo de la OCDE en materia de moral tributaria pretende fomentar la investigación, el diálogo y las actuaciones con vistas a profundizar en la comprensión de la moral tributaria y las políticas para reforzarla. La moral tributaria, que puede definirse de manera más concisa como la motivación intrínseca para pagar impuestos, es compleja y dinámica, y varía según los países y los contribuyentes, así como a lo largo del tiempo. El trabajo de la OCDE sobre moral tributaria pretende ayudar a los países a superar en parte esta complejidad, ofreciendo nuevas investigaciones, convocando debates con múltiples partes interesadas y participando en ellos, y recopilando y difundiendo las buenas prácticas existentes. Entre los trabajos anteriores cabe mencionar el estudio del papel que juegan los factores institucionales y socioeconómicos a la hora de determinar la moral tributaria, como se indica en el informe *Tax Morale: What Drives People and Businesses to Pay Tax?*, y la creación de una tipología de iniciativas de formación de los contribuyentes junto con ejemplos de las mejores prácticas explicada en el informe *Fomentando la cultura tributaria, el cumplimiento fiscal y la ciudadanía: Guía sobre educación tributaria en el mundo, segunda edición*.

El presente informe complementa a trabajos anteriores y se basa en ellos, prestando especial atención a la moral tributaria y las empresas multinacionales (EMN), un área de creciente interés. Si bien los asuntos fiscales de las EMN han atraído un mayor interés en los últimos años, se ha dedicado una atención relativamente escasa a la moral tributaria de las EMN. Esta situación ha empezado a cambiar por la creciente importancia que, para los inversionistas y las EMN, han cobrado los aspectos ambientales, sociales y de gobernanza (ASG), así como la inclusión de la fiscalidad en los criterios de ASG y la presentación de información de las EMN. Este informe pretende aportar nuevos análisis a fin de profundizar en la comprensión de la moral tributaria de las EMN y las políticas que pueden influir en ella. El presente informe tiene también por objeto contribuir a estimular y fomentar nuevas investigaciones y debates, y la OCDE buscará contribuir activamente al creciente diálogo global sobre la moral tributaria de las EMN.

Aunque la moral tributaria es un tema de interés mundial, es especialmente importante para los países en desarrollo, en los que los ingresos fiscales son más necesarios y la moral tributaria parece menor. La importancia de los ingresos fiscales para el desarrollo ha sido subrayada tanto en los Objetivos de Desarrollo Sostenible (ODS) como en la Agenda de Acción de Addis Abeba sobre la financiación para el desarrollo. Los ingresos fiscales constituyen la mayor fuente de financiación para el desarrollo, y ofrecen los fondos que los gobiernos necesitan invertir para mitigar la pobreza, prestar servicios públicos y construir las infraestructuras físicas y sociales para el desarrollo a largo plazo. Por lo tanto, el aumento de los ingresos fiscales es un objetivo esencial de los países en desarrollo con vistas a captar la financiación adicional necesaria para alcanzar los ODS. Al mismo tiempo, los estudios apuntan (véase *Tax Morale: What Drives People and Businesses to Pay Tax?*) a que la moral tributaria es baja en muchos países en desarrollo, por lo que identificar las políticas que pueden contribuir a elevarla es especialmente importante para los países en desarrollo con reducida moral tributaria. Por esta urgencia de elevar los ingresos fiscales y la moral tributaria, la línea de trabajo de la OCDE en materia de moral tributaria presta especial atención a los países en desarrollo.

El presente informe ha sido elaborado por René Orozco, Julia Soto Álvarez y Joseph Stead del Centro de Política y Administración Tributarias de la OCDE, bajo la supervisión de Ben Dickinson, Jefe de la División de Relaciones Globales y Desarrollo del Centro de Política y Administración Tributarias. Nawal Ali, Zipporah Gakuu, Karena Garnier, Hazel Healy, Alex Pick, Adriana Ruiz Esparza, Natalie Lagorce, Iratxe Sáenz de Villaverde y Carrie Tyler prestaron una valiosa asistencia. Este informe se ha inspirado asimismo en los debates mantenidos en cuatro mesas redondas regionales, organizadas en colaboración con el Foro Africano de Administración Tributaria, el Banco Asiático de Desarrollo, la Organización Intraeuropea de Administración Fiscal y el Centro Interamericano de Administraciones Tributarias. Los autores desean dar las gracias a todos los participantes de las mesas redondas por sus contribuciones y agradecen a las cuatro organizaciones socias su cooperación en estos eventos y las valiosas observaciones que han formulado sobre los primeros borradores de este informe.

Este informe ha sido elaborado con la colaboración financiera de los gobiernos de Irlanda, Japón, Luxemburgo, Noruega, Países Bajos, Reino Unido, Suecia y Suiza. El contenido de este informe no refleja necesariamente la opinión oficial de ninguno de estos gobiernos.

Índice

Prefacio	3
Siglas y abreviaturas	7
Resumen ejecutivo	9
1 Introducción	13
Referencias	16
2 Resultados y análisis	17
2.1. Descripción general	18
2.2. Cumplimiento rutinario	20
2.3. Cooperación y confianza	22
2.4. Apertura y transparencia	29
2.5. Controversias, conflictos y resolución	33
2.6. Uso del poder e incentivos	35
2.7. Contratación de personal	41
2.8. Comparación con las empresas locales	43
Referencias	44
3 Fortalecer la confianza, mejorar la transparencia y la comunicación	46
3.1. Estrategias de inspección y cumplimiento	48
3.2. Expectativas/ rendición de cuentas en relación con el comportamiento	53
3.3. Transparencia y comunicación	61
3.4. Programas de fortalecimiento de capacidades	68
Referencias	73
Notas	74
4 Resumen y recomendaciones fundamentales	75
Anexo A. Resultados de la encuesta de percepciones de los funcionarios de administraciones tributarias	80
Anexo B. Resultados de la encuesta de certeza fiscal de EMN	87
Anexo C. Metodología	90

GRÁFICOS

Gráfico 2.1. Descripción general de las percepciones de las autoridades sobre el comportamiento fiscal de las grandes empresas	19
Gráfico 2.2. ¿Las grandes empresas/EMN pagan/responden en plazo?	21
Gráfico 2.3. Voluntad de cooperación de las grandes empresas/EMN	23
Gráfico 2.4. Reacción de las EMN/grandes empresas ante solicitudes de información por las autoridades tributarias	24
Gráfico 2.5. Actitud de las grandes empresas/EMN en la resolución de controversias	25
Gráfico 2.6. Confianza en la información facilitada por grandes empresas/EMN	26
Gráfico 2.7. Cooperación, seguimiento del espíritu de la ley y planificación fiscal por las Cuatro Grandes	27
Gráfico 2.8. ¿Se percibe a las grandes empresas/EMN como abiertas y transparentes?	30
Gráfico 2.9. Disponibilidad de las grandes empresas/EMN a explicar sus prácticas fiscales públicamente	31
Gráfico 2.10. Percepción de la transparencia de las Cuatro Grandes ante las autoridades tributarias	31
Gráfico 2.11. Frecuencia de las controversias fiscales y actitud empresarial ante la resolución de controversias	33
Gráfico 2.12. Actitud de las EMN una vez iniciado efectivamente un procedimiento de resolución de controversias	34
Gráfico 2.13. Percepción de las actividades de los grupos de presión	37
Gráfico 2.14. ¿Con qué frecuencia se ofrecen incentivos fiscales a las grandes empresas/EMN?	38
Gráfico 2.15. Razones por las que las EMN y/o las Cuatro Grandes contratan a funcionarios públicos	39
Gráfico 2.16. Percepción del cohecho por las grandes empresas/EMN	40
Gráfico 2.17. ¿Con qué frecuencia los funcionarios públicos van a trabajar al sector privado y viceversa?	42
Gráfico 2.18. ¿Son las empresas locales más cumplidoras que las grandes empresas/EMN?	43
Gráfico 2.19. Influencia de las Cuatro Grandes en el comportamiento fiscal de sus clientes	44
Gráfico 3.1. Autodeclaración de competencias de los inspectores que participan en IFSF	69

TABLAS

Tabla A A.1. Percepciones del comportamiento de las grandes empresas/EMN	80
Tabla A A.2. Percepciones del comportamiento de las Cuatro Grandes	84
Tabla A A.3. Percepciones sobre la retención del personal	85
Tabla A B.1. Desglose regional de las respuestas de las EMN a las preguntas sobre las causas de incertidumbre fiscal	87
Tabla A B.2. Desglose regional de las respuestas a las preguntas sobre las herramientas o enfoques que son más importantes para mejorar la certeza fiscal	88

RECUADROS

Recuadro 3.1. Cumplimiento cooperativo en Latinoamérica	50
Recuadro 3.2. Requisitos fundamentales del Defensor del Contribuyente	55
Recuadro 3.3 Paneles de Política Tributaria de PwC	59
Recuadro 3.4. Participación de partes interesadas en Kenia – Fórmula de devolución del IVA	63
Recuadro 3.5. Función de IFSF en la mejora de las relaciones con los contribuyentes	70
Recuadro 3.6. Formación de proveedores externos de Anglo American	72

Siglas y abreviaturas

ACCT	Acuerdos de colaboración para el cumplimiento tributario
ACT	Acuerdos de colaboración
APA	Acuerdos sobre precios de transferencia
ASG	Ambiente, social y gobernanza
ATAF	African Tax Administration Forum (Foro Africano de Administración Tributaria)
BAD	Banco Asiático de Desarrollo
BEPS	Erosión de la base imponible y traslado de beneficios
BIAC	Business Industry Advisory Committee (Comité Asesor del Sector Empresarial)
CGCT	Código Global de Conducta Tributaria
CIAT	Centro Interamericano de Administraciones Tributarias
Cuatro Grandes	Deloitte, KPMG, EY y PricewaterhouseCoopers
DGI	Direction Générale des Impôts (Dirección General Tributaria, Costa de Marfil)
DIAN	Dirección de Impuestos y Aduanas Nacionales (Colombia)
EMN	Empresas multinacionales
FMI	Fondo Monetario Internacional
HMRC	Her Majesty's Revenue and Customs (Autoridad Tributaria del Reino Unido)
ICAP	International Compliance Assurance Programme (Programa Internacional de Garantía del Cumplimiento)
IFSF	Inspectores Fiscales sin Fronteras
IOTA	Inter-European Organisation of Tax Administrations (Organización Intraeuropea de Administración Fiscal)
ISORA	International Survey on Revenue Administration (Encuesta Internacional sobre la Administración Tributaria)
IVA	Impuesto sobre el valor agregado

KRA	Kenya Revenue Authority (Autoridad Tributaria de Kenia)
LAC	Latinoamérica y el Caribe
MCF	Marcos de control fiscal
OCDE	Organización para la Cooperación y el Desarrollo Económicos
ODS	Objetivos de desarrollo sostenible
PNC	Puntos Nacionales de Contacto
PwC	PricewaterhouseCoopers
PYME	Pequeñas y medianas empresas
SGATAR	Study Group on Asian Tax Administration and Research (Grupo de Estudio sobre Administración Tributaria e Investigación de Asia)
SII	Servicio de Impuestos Internos (Chile)
TPP	Tax Policy Panels (Paneles de Política Tributaria)
ZEE	Zonas Económicas Especiales

Resumen ejecutivo

La fiscalidad de las grandes empresas, y especialmente de las empresas multinacionales (EMN), ha sido una alta prioridad a nivel mundial durante una serie de años. La actualización de las normas fiscales internacionales para garantizar que los gobiernos estén en mejores condiciones para gravar a las EMN en la era de la globalización y la digitalización ha figurado en la agenda política internacional desde la crisis financiera mundial. Esta prioridad ha propiciado diversas reformas importantes, entre ellas la actualización en 2011 de las Líneas Directrices de la OCDE para Empresas Multinacionales (OECD, 2011[1]), en las que se pide a las EMN que cumplan tanto la letra como el espíritu de las leyes y reglamentos en los que operan, las Acciones contra la Erosión de la Base Imponible y el Traslado de Beneficios (BEPS) de la OCDE y el G-20 que se acordaron en 2015, y el acuerdo histórico alcanzado en octubre de 2021 respecto a la solución en dos pilares para abordar los retos fiscales de la digitalización de la economía, al que se sumaron 137 miembros del Marco Inclusivo sobre BEPS de la OCDE y el G-20 (en lo sucesivo, el Marco Inclusivo).

La focalización en la política tributaria internacional se ha visto acompañada por un mayor interés del público, los medios de comunicación y los inversionistas en las prácticas fiscales y la moral tributaria de las EMN. En muchos países, las prácticas fiscales de las EMN han sido objeto de un mayor control por parte del público y los medios de comunicación. Además, un número creciente de inversionistas están preocupados por la planificación tributaria agresiva de las empresas en las que invierten y analizan el cumplimiento de sus obligaciones fiscales en el marco de sus consideraciones sobre los aspectos medioambientales, sociales y de gobernanza (ASG). En muchos casos, especialmente en materia de ASG, este control persigue que las EMN rindan cuenta no solo del cumplimiento de la letra de la ley, sino también del espíritu de la misma, fomentando así una mayor moral tributaria (que es la voluntad interna de pagar impuestos) en las EMN.

Aunque las empresas multinacionales tienen un interés creciente por la moral tributaria, la investigación sobre el tema es relativamente escasa. Aunque en los últimos años el conjunto de investigaciones sobre moral tributaria ha aumentado, se centran en gran parte en las personas físicas en lugar de intentar entender qué elementos pueden influir en la moral tributaria de las empresas, en especial las EMN, cómo puede variar entre los distintos países y regiones, y cómo mejorarla.

Para contribuir a subsanar esta carencia, este informe se basa en investigaciones anteriores sobre las percepciones por las EMN de la certeza tributaria que proporciona la administración pública y las percepciones por los funcionarios tributarios del comportamiento de las EMN en relación con los compromisos voluntarios en materia de mejores prácticas. El informe de 2019, titulado *Tax Morale: What Drives People and Businesses to Pay Tax?*, (OECD, 2019[2]) utilizó datos sobre la forma en que las EMN perciben la certeza fiscal a fin de identificar algunos potenciales factores determinantes de la moral tributaria de las EMN. En este informe, las percepciones de las EMN se complementan con las de los funcionarios de la administración tributaria. 1 240 funcionarios tributarios de 138 jurisdicciones participaron en una encuesta por Internet para comentar sus percepciones acerca de la adhesión de las EMN a la *Declaración de mejores prácticas tributarias para interactuar con las autoridades fiscales en los países en desarrollo* de *Business at OECD (BIAC)* (Business at OECD, 2013[3]). Los resultados se debatieron posteriormente en una serie de mesas redondas regionales, en las que participaron administraciones tributarias y empresas multinacionales.

Mediante la combinación de estos conjuntos de datos, este informe no solo busca determinar cómo se percibe la adhesión de las EMN a las mejores prácticas en las distintas regiones, sino que también trata de identificar los factores que pueden influir en la moral tributaria, especialmente la cuestión fundamental de la confianza entre las EMN y las administraciones tributarias. La confianza se reconoce cada vez con mayor frecuencia como un motor clave de la moral tributaria, y es más sensible a las intervenciones políticas que muchos otros factores, ((Dom et al., 2022[4]), lo que la convierte en una perspectiva útil para su análisis. El presente informe, recopilando las percepciones de empresas y administraciones tributarias, pretende centrarse en la confianza y en la manera de fortalecerla. Persigue asimismo analizar las áreas en las que tanto las empresas como las administraciones tributarias han identificado retos comunes, lo cual indica que puede existir un interés mutuo en adoptar nuevos enfoques.

Los datos en los que se basa este informe muestran que el comportamiento de las empresas se percibe de manera más positiva en los países de la OCDE y en Asia que en África y en Latinoamérica y el Caribe (LAC). Se percibe un comportamiento mejor en el cumplimiento más rutinario y en la cooperación formal que en cuestiones más subjetivas, como la confianza en la información y la transparencia. Existe una gran variación en las percepciones de los funcionarios fiscales sobre el comportamiento de las EMN, tanto a nivel regional como según el tema. Aunque en todas las regiones hay funcionarios que aprecian una buena adhesión constante a las mejores prácticas en la mayoría de las grandes empresas/EMN, esto es mucho más habitual en los países de la OCDE y, en menor medida, en los países asiáticos, que en los países de África o LAC. En todas las regiones, los funcionarios perciben que la mayoría de las grandes empresas/EMN observan un buen cumplimiento rutinario (por ejemplo, pagos puntuales) y son cooperadoras al menos formalmente. En lo que respecta a la apertura y transparencia mostradas por las empresas y la confianza en la información facilitada, las percepciones son significativamente más bajas en todas las regiones, pero especialmente en África y LAC.

Las percepciones de los funcionarios públicos sobre el comportamiento de las Cuatro Grandes redes de servicios profesionales (Deloitte, EY, KPMG y PricewaterhouseCoopers) muestran unos resultados bastante similares a las percepciones sobre las EMN, pero por lo general con menores variaciones entre regiones. Aunque las variaciones entre regiones fueron menores cuando se preguntó por las percepciones sobre el comportamiento de las Cuatro Grandes, se observaron patrones similares a los de las percepciones de las EMN. Por ejemplo, se considera que, en general, las Cuatro Grandes son cooperadoras formalmente, pero son mucho menos proclives a seguir el espíritu o la finalidad de las leyes, o a promover únicamente una planificación fiscal alineada con el contenido.

Los resultados, junto con las conclusiones al respecto de los debates mantenidos en las mesas redondas entre administraciones tributarias y EMN, ponen de relieve, como principales retos, la falta de confianza mutua y una comunicación subóptima entre administraciones tributarias y empresas. Con objeto de ofrecer un contexto más amplio, los resultados de las encuestas se debatieron en una serie de mesas redondas regionales a las que asistieron funcionarios de las administraciones tributarias y empresas. En esas mesas redondas se señaló que la confianza y la comunicación son los mayores problemas. La falta de confianza y las dificultades de comunicación obstaculizan el desarrollo de relaciones más efectivas entre las administraciones tributarias y las empresas, lo que incide en la moral tributaria y genera costes e ineficiencias tanto para las administraciones como para las empresas. Invertir en la mejora de esta dinámica redunda en interés tanto de las administraciones tributarias como de las empresas. Las administraciones tributarias podrán de este modo priorizar mejor sus limitados recursos, permitiendo que las medidas de ejecución se dirijan más selectivamente a las empresas menos cumplidoras, mientras que las empresas cumplidoras disfrutarán de una mayor certeza y menores cargas de cumplimiento.

No existe una solución única para fortalecer la confianza y mejorar la comunicación para incrementar la moral tributaria. La combinación exacta de actuaciones dependerá del contexto del país, pero en todos los casos requerirá acciones y compromisos por parte de las administraciones tributarias y de las empresas con vistas a generar la confianza mutua necesaria. Aunque muchos, especialmente las EMN, consideran que el cumplimiento cooperativo (OECD, 2016[5]) es la relación óptima entre administraciones tributarias y EMN, no es algo que pueda alcanzarse rápidamente. Requiere altos niveles de confianza preexistente, así como compromiso con la apertura y la transparencia. Así, el cumplimiento cooperativo puede ser un objetivo lógico para la relación con las EMN en muchos países, pero no puede constituir el punto de partida para todos. En efecto, en muchos países el mejor punto de partida puede ser mucho más simple, consistiendo en identificar medidas prácticas para mejorar la comunicación que después puede reforzarse progresivamente mediante una serie de acciones, tanto de las administraciones tributarias como de las empresas, que pueden dar lugar finalmente al cumplimiento cooperativo.

El presente informe describe una serie de buenas prácticas existentes y algunas posibles iniciativas nuevas que las EMN y las administraciones tributarias han señalado en las mesas redondas regionales. Así pues, las acciones propuestas en el capítulo tercero de este informe no pretenden constituir una lista exhaustiva, sino que son un reflejo de los debates e indican, en especial, las acciones en las que las EMN y las administraciones tributarias coinciden porque ya han demostrado su utilidad o se considera que tienen potencial para abordar algunos de los desafíos identificados. Tampoco se persigue establecer qué sucederá en cada contexto, ya que las circunstancias locales (y los recursos) afectarán a lo que es necesario y posible en cada contexto. Se pretende, en cambio, proporcionar elementos para que sean considerados tanto por las administraciones como por las empresas. Dichas acciones van desde las relativamente sencillas (p. ej. aumentar el uso de las lenguas locales en las declaraciones y comunicaciones con la administración tributaria) a las más complejas (p. ej., crear un defensor del contribuyente en materia tributaria). En los debates también se identificaron posibilidades de mejorar/ampliar las iniciativas existentes (p. ej., mejorar la declaración de las mejores prácticas fiscales) o establecer nuevas iniciativas (p. ej., desarrollar un proceso de diálogo multilateral voluntario). La lista de acciones no es exhaustiva, aunque se espera que la clasificación de los tipos de acciones (estrategias de inspección y cumplimiento, expectativas/rendición de cuentas de comportamientos, transparencia y comunicación, y programas de fortalecimiento de capacidades) ayudará a todas las partes interesadas a identificar los mejores enfoques en cada contexto concreto. Si bien es cierto que los debates de las mesas redondas se centraron en las políticas y prácticas que mejorarían la situación de las EMN, muchas de las buenas prácticas indicadas pueden contribuir a reforzar la confianza y la moral tributaria de todos los contribuyentes, no solo las EMN.

Aunque las cuestiones señaladas son relevantes en el ámbito mundial, este informe se centra principalmente en los países en desarrollo, que dependen en mayor medida de los ingresos fiscales procedentes de las grandes empresas, sufren un mayor nivel de evasión fiscal y se enfrentan a mayores problemas de capacidad. Los países en desarrollo no solo dependen más del impuesto de sociedades que los países de la OCDE, sino que son especialmente dependientes de los grandes contribuyentes. Los datos de la Encuesta Internacional sobre la Administración Tributaria (International Survey on Revenue Administration; ISORA) muestran que en 2019 las Unidades de Grandes Contribuyentes de África fueron responsables de la gestión del 64% de los ingresos totales (un nivel que es más del doble que el de los países de la OCDE, que es un 31%). Asimismo, se estima que los países en desarrollo sufren un mayor grado de evasión fiscal internacional, que alcanza un coste estimado del 1,3% del PIB (en comparación con el 1% del PIB en los países de la OCDE) (Crivelli and De Mooij, 2015[6]), y el impacto de este problema es aún más significativo puesto que, en los países en desarrollo, el ratio entre impuestos y PIB es menor.

La OCDE seguirá buscando formas de apoyar a las administraciones tributarias y a las EMN para reforzar la confianza, mejorar la comunicación e incrementar la moral tributaria. Si bien las EMN y las administraciones tributarias son las principales responsables de la adopción de medidas, la OCDE buscará la forma de prestar el máximo apoyo posible. Este apoyo incluirá probablemente nuevas investigaciones, la incorporación de ciertas conclusiones de este informe en el fortalecimiento de capacidades de la OCDE, nuevas directrices y estudios de casos sobre los temas señalados en el presente informe y la identificación de oportunidades en las que la intervención de la OCDE, como entidad tercera, pueda ayudar a crear confianza y fortalecer las relaciones entre las EMN y las autoridades tributarias.

Más en general, la OCDE continuará también fomentando la investigación, el diálogo y la innovación en materia de moral tributaria, en especial en los países en desarrollo, a fin de ayudar a crear los sistemas fiscales necesarios para alcanzar los Objetivos de Desarrollo Sostenible (ODS). Este informe forma parte de la labor general de la OCDE sobre moral tributaria, en el marco de la cual se realizan nuevas investigaciones y se promueve el debate global sobre diversos aspectos de la moral tributaria, especialmente en los países en desarrollo. Esta línea de trabajo, que abarca tanto a las empresas como a las personas físicas, reconoce la importancia de entender que la moral tributaria forma parte del debate sobre política y administración tributaria, ya que el establecimiento de sistemas fiscales con un alto grado de aprobación social y cumplimiento voluntario será crucial para lograr un desarrollo sostenible a largo plazo.

Referencias

Business at OECD (2013), *BIAC Statement of Tax Best Practices for Engaging with Tax Authorities in Developing Countries*, https://biac.org/wp-content/uploads/2020/11/Statement-of-Tax-Best-Practices-for-Engaging-with-Tax-Authorities-in-Developing-Countries-Original-release-Sep-2013-1.pdf. [3]

Crivelli, E. and R. De Mooij (2015), *Base Erosion, Profit Shifting and Developing Countries: IMF Working Paper WP/15/118*, https://www.imf.org/external/pubs/ft/wp/2015/wp15118.pdf. [6]

Dom, R. et al. (2022), *Innovations in Tax Compliance: Building Trust, Navigating Politics, and Tailoring Reform*, World Bank Group, http://hdl.handle.net/10986/36946. [4]

OECD (2021), *Building Tax Culture, Compliance and Citizenship: A Global Source Book on Taxpayer Education, Second Edition*, OECD Publishing, Paris, https://doi.org/10.1787/18585eb1-en. [7]

OECD (2019), *Tax Morale: What Drives People and Businesses to Pay Tax?*, OECD Publishing, Paris, https://doi.org/10.1787/f3d8ea10-en. [2]

OECD (2016), *Co-operative Tax Compliance: Building Better Tax Control Frameworks*, OECD Publishing, Paris, https://doi.org/10.1787/9789264253384-en. [5]

OECD (2011), *OECD Guidelines for Multinational Enterprises, 2011 Edition*, OECD Publishing, Paris, https://doi.org/10.1787/9789264115415-en. [1]

1 Introducción

En este capítulo introductorio se señala la importancia de la moral tributaria en las empresas multinacionales, especialmente en los países en desarrollo, y se subraya la importancia de centrarse en la confianza al analizar la moral tributaria. También resume los datos en los que se basa el resto del informe.

Si bien cada vez se investiga más sobre moral tributaria, se ha prestado una atención relativamente escasa a los problemas de moral tributaria en las empresas multinacionales y su función a la hora de construir una cultura tributaria. La moral tributaria, es decir, la motivación intrínseca para pagar impuestos es un elemento crucial de los sistemas fiscales, ya que todos ellos se basan en el cumplimiento voluntario por parte de la mayoría de los contribuyentes. Según han indicado estudios anteriores (OECD, 2019[1]), aunque cada vez existen más datos y análisis sobre la moral tributaria entre las personas físicas, muy pocos se refieren a las empresas, y casi ninguno a las EMN.

El fortalecimiento de la moral tributaria y, por extensión el fortalecimiento del cumplimiento, de las EMN que operan en los países en desarrollo ofrece un potencial significativo para aumentar los ingresos. En general los países en desarrollo dependen más del impuesto de sociedades que los países desarrollados (en 2019, el impuesto de sociedades representó un 20,1% de los ingresos fiscales totales en Asia-Pacífico, un 19,2% en África, un 15,5% en LAC y un 10% en la OCDE (OECD, 2021[2])), y las EMN son las que más aportan al ingreso del impuesto de sociedades. Las EMN también pagan cantidades significativas en impuestos indirectos y con frecuencia intervienen como agentes de retención de impuestos de sus empleados. Por consiguiente, a menudo las EMN pueden representar una gran proporción de la base impositiva (por ejemplo, Ruanda ha comunicado que el 70% de su base impositiva procede de las EMN, mientras que en Burundi una única EMN es responsable del 20% de los ingresos fiscales totales (ATAF, 2016[3])). Por lo tanto, fortalecer el cumplimiento de las EMN ofrece ventajas interesantes, pues permite recaudar más ingresos con un menor número de actos de aplicación coercitiva y hace posible que los recursos limitados de aplicación coercitiva se dirijan de forma más eficiente contra los contribuyentes con baja moral tributaria. Así pues, fortalecer la moral tributaria puede contribuir a mejorar la financiación del desarrollo sostenible y la realización de los ODS.

La confianza es un punto de partida valioso para examinar la moral tributaria, en particular entre las EMN. El presente informe incorpora conjuntos de datos que permiten un examen más detallado de la confianza –y de los factores que la afectan– entre las EMN y las administraciones tributarias. Aunque muchos de los factores impulsores de la moral tributaria son elementos propios del contribuyente, un número creciente de investigaciones señalan la importancia de la confianza a este respecto (véase (Dom et al., 2022[4])). Dado que la confianza es condicional, puede ser sensible a los cambios de las políticas y, por lo tanto, constituye un buen punto de partida para examinar la moral tributaria y para identificar las actuaciones que permiten fortalecerla. Para ello, el presente informe incorpora datos procedentes de encuestas relativas a las percepciones de las administraciones tributarias y las EMN; dichas percepciones proporcionan información valiosa para profundizar en la comprensión de los niveles de confianza existentes e identificar posibles formas de incrementar la confianza y, por extensión, la moral tributaria.

El presente informe utiliza un nuevo conjunto de datos únicos relativos a las percepciones de los funcionarios de las administraciones tributarias sobre el comportamiento tributario de las grandes empresas/EMN con relación a principios voluntarios más ampliamente respaldados. Este conjunto de datos se ha recopilado a través de una encuesta mundial que ha recogido respuestas de 1240 funcionarios de la administración tributaria de 138 jurisdicciones. En la encuesta se preguntó por la percepción del comportamiento de las grandes empresas/EMN a la luz de la Declaración de mejores prácticas tributarias para interactuar con las autoridades fiscales en los países en desarrollo, elaborada por Business at OECD (BIAC) (Business at OECD, 2013[5]), que fue aprobada por BIAC en 2013. BIAC es una red mundial que representa en conjunto a más de siete millones de empresas de todos los tamaños. Por lo tanto, estos principios reflejan una amplia perspectiva empresarial sobre cuáles deberían ser las mejores prácticas y, por consiguiente, aunque cabe que no incluyan todos los aspectos que podrían examinarse, ofrecen un punto de partida útil para analizar las percepciones del comportamiento de las empresas con respecto a las prácticas que las propias empresas han respaldado. En la encuesta se preguntó también por las percepciones del comportamiento de las Cuatro Grandes a la luz de un conjunto de principios fiscales voluntarios publicados por algunas de las Cuatro Grandes.

Las percepciones de los funcionarios de las administraciones tributarias se complementan con datos adicionales procedentes de una encuesta anterior sobre las percepciones de las EMN acerca de la certeza tributaria y mesas redondas conjuntas entre empresas y administraciones tributarias. En trabajos anteriores de la OCDE se concluyó que las percepciones de las EMN sobre la certeza tributaria proporcionan información útil en materia de moral tributaria, y que una administración tributaria efectiva y eficiente puede promover un mayor grado de cumplimiento y moral tributaria entre las EMN (OECD, 2019[1]). Ambas encuestas fueron discutidas en una serie de mesa redondas que se llevaron a cabo entre diciembre de 2020 y mayo de 2021. Las mesas redondas se organizaron a nivel regional (África, Asia, Europa y Latinoamérica/Caribe) en colaboración con organizaciones regionales (el Foro Africano de Administración Tributaria (ATAF), el Banco Asiático de Desarrollo (BAD), la Organización Intraeuropea de Administración Fiscal (IOTA) y el Centro Interamericano de Administraciones Tributarias (CIAT)). Se facilitó a las mesas redondas un documento de referencia con los principales resultados de las encuestas sobre las percepciones de las administraciones tributarias y las EMN. En dichas mesas redondas se debatieron las potenciales causas profundas de las conclusiones de la encuesta y las buenas prácticas existentes y propuestas de nuevas acciones que podrían favorecer la moral tributaria. Estos debates han sido incorporados al análisis de los resultados en el capítulo segundo y forman la base de la gama de posibles acciones en el capítulo tercero. Dado que los debates se han celebrado conforme a las normas de Chatham House, las contribuciones realizadas en las mesas redondas no se atribuyen a nadie.

Este informe permite examinar la confianza entre las EMN y las administraciones tributarias, factor clave de la moral tributaria, y destaca una serie de acciones que pueden contribuir a reforzar la moral tributaria. Las percepciones del comportamiento de las EMN ofrecen una indicación global de la moral tributaria de las EMN. Además, mediante la comparación de los dos conjuntos de datos de la encuesta y el debate de los resultados en las mesas redondas, es posible situar los resultados en un contexto más amplio e identificar no solo el nivel de confianza, sino también otros factores que pueden ser importantes para generar (o inhibir) el desarrollo de relaciones de confianza como la transparencia y la comunicación. Es posible asimismo identificar áreas en que las administraciones tributarias y las EMN compartan retos comunes (aunque desde perspectivas diferentes), lo que apunta a que puede existir un interés mutuo en adoptar nuevos enfoques.

No todos los contribuyentes serán receptivos a las medidas expuestas en este informe; la aplicación de las mismas tiene un papel crucial. El presente informe se centra en los contribuyentes que son receptivos a los esfuerzos para mejorar la moral tributaria y, en especial, a las medidas para reforzar la confianza. Para los que no son receptivos a estos esfuerzos, se necesitarán otras medidas de fomento del cumplimiento. Así pues, este informe se centra en la moral tributaria y especialmente en la forma en que la confianza (y la facilitación de la confianza) puede contribuir a fortalecer la disponibilidad al cumplimiento voluntario, si bien la aplicación coercitiva siempre seguirá siendo un componente crucial (para más información sobre la interacción entre confianza, facilitación y aplicación coercitiva, véase (Dom et al., 2022[4])). De mismo modo, si bien el presente informe se centra principalmente en las acciones que las administraciones tributarias y las empresas pueden adoptar, otras partes interesadas (incluidos los inversionistas y la sociedad civil) pueden influir en la moral tributaria de las empresas y tienen a su disposición herramientas distintas de las señaladas en este informe.

Aunque mejorar la moral tributaria y reforzar la relación entre los contribuyentes y las administraciones tributarias debería disminuir las controversias, no cabe esperar que las erradique. Las controversias en materia de impuestos pueden surgir por diversos motivos que, aunque en muchos casos pueden abordarse (como se indicará en este informe) para reducir su número, no es posible eliminarlas por completo. Especialmente en áreas fiscales complejas (como la tributación internacional), pueden existir diferencias legítimas de interpretación, que requieren un procedimiento de resolución de controversias. Por ello, el objetivo que persigue el fortalecimiento de la moral tributaria debe ser disminuir las controversias. Cuando surgen controversias, el objetivo es permitir su resolución efectiva, de forma que todas las partes acepten la validez de las diferentes posiciones, sin que ello afecte a su confianza en las otras partes ni a su voluntad de mantener una relación positiva en el futuro.

Este informe pretende ofrecer un punto de partida con vistas a un ulterior diálogo y debates acerca de la forma de medir, supervisar y fortalecer la confianza y la moral tributaria en grandes empresas/EMN, especialmente en los países en desarrollo. Si bien muchas de las buenas prácticas y propuestas de nuevas acciones no son necesariamente nuevas, el hecho de agruparlas junto con nuevos datos empíricos y hacer hincapié en la moral tributaria, puede contribuir a fomentar una mayor implicación de todas las partes en la búsqueda de soluciones que refuercen la moral tributaria.

Referencias

ATAF (2016), *African Tax Outlook*, https://events.ataftax.org/index.php?page=documents&func=view&document_id=15#. [3]

Business at OECD (2013), *BIAC Statement of Tax Best Practices for Engaging with Tax Authorities in Developing Countries*, https://biac.org/wp-content/uploads/2020/11/Statement-of-Tax-Best-Practices-for-Engaging-with-Tax-Authorities-in-Developing-Countries-Original-release-Sep-2013-1.pdf. [5]

Dom, R. et al. (2022), *Innovations in Tax Compliance: Building Trust, Navigating Politics, and Tailoring Reform*, World Bank Group, http://hdl.handle.net/10986/36946. [4]

OECD (2021), *Revenue Statistics in Asia and the Pacific 2021: Emerging Challenges for the Asia-Pacific Region in the COVID-19 Era*, OECD Publishing, Paris, https://doi.org/10.1787/ed374457-en. [2]

OECD (2019), *Tax Morale: What Drives People and Businesses to Pay Tax?*, OECD Publishing, Paris, https://doi.org/10.1787/f3d8ea10-en. [1]

2 Resultados y análisis

Este capítulo presenta nuevos datos relativos a las percepciones de las administraciones tributarias sobre el comportamiento de las EMN y las Cuatro Grandes. El análisis de estos datos se combina con datos anteriores relativos a las percepciones de las EMN sobre los sistemas tributarios y los resultados de los debates en mesas redondas entre funcionarios de la administración tributaria y representantes de las empresas en diferentes regiones.

2.1. Descripción general

En todas las regiones, los resultados muestran que el cumplimiento rutinario es, en general, positivo; sin embargo, en las interacciones más complejas y subjetivas, en particular la confianza en la información, la transparencia y la apertura, el comportamiento de las grandes empresas/EMN/Cuatro Grandes es percibido en general de forma más negativa, con grandes variaciones entre regiones. Especialmente en LAC y África, los funcionarios de las administraciones tributarias perciben retos significativos en las relaciones con las EMN, lo que indica que es posible reforzar la moral tributaria, aunque cabe destacar que en todas las regiones existe una percepción relativamente alta de la disponibilidad a cooperar una vez que surge una controversia fiscal. Los resultados de la encuesta sobre las percepciones de las administraciones tributarias sobre el comportamiento de las grandes empresas/EMN/Cuatro Grandes ponen de manifiesto asimismo amplias variaciones en las percepciones sobre la forma de utilizar el poder y los incentivos fiscales, incluso en lo que respecta a las minorías que perciben el comportamiento ilegal de las empresas. El Gráfico 2.1 ofrece un resumen agregado de los resultados de las percepciones del comportamiento de las grandes empresas/EMN. Los resultados de dicho gráfico se han normalizado entre 1 y 5, siendo 5 el mejor resultado posible. El gráfico compara las medias regionales simples de las variables seleccionadas y las agrupa en cinco subíndices, presentando su media correspondiente. Los subíndices se corresponden con las secciones de este capítulo, a saber, el cumplimiento rutinario, la cooperación y confianza, la apertura y transparencia, las controversias, los conflictos y su resolución, así como el uso del poder y los incentivos. Este capítulo comprende una sección sobre cada subíndice. También incluye secciones sobre dos temas adicionales que se tratan en la encuesta, la contratación de personal y la comparación con las empresas locales. Las tablas de los resultados detallados se encuentran en el Anexo A, y la metodología en el Anexo C.

Gráfico 2.1. Descripción general de las percepciones de las autoridades sobre el comportamiento fiscal de las grandes empresas

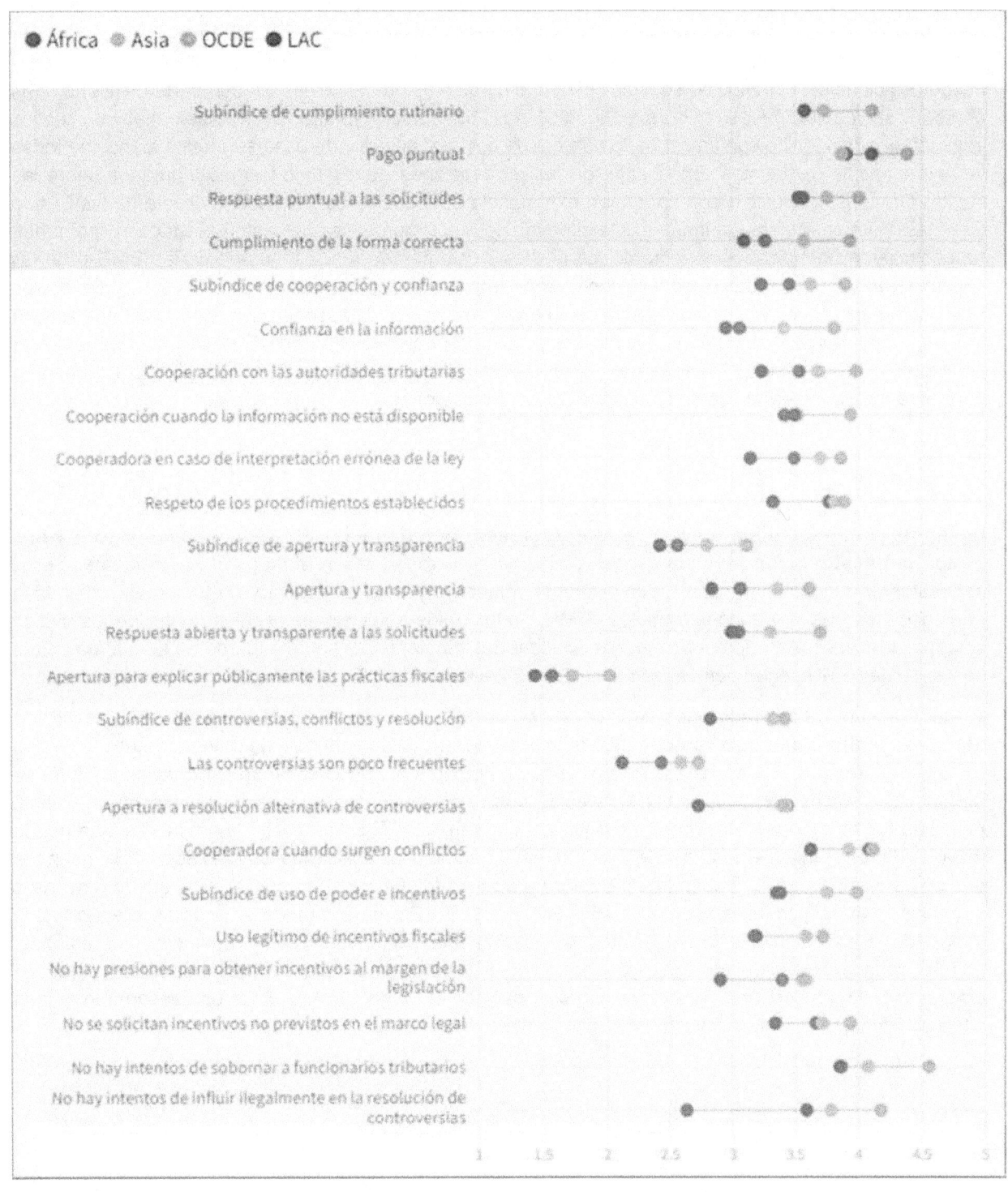

Nota: Media regional simple. Los valores oscilan entre 1 y 5, siendo 5 la mejor puntuación posible. Los países están ponderados para que ningún país represente más del 10% de una muestra regional.
Fuente: OCDE (2020), Encuesta sobre el comportamiento fiscal de las empresas multinacionales y las Cuatro Grandes consultoras.

Si bien las encuestas sobre percepciones, como las utilizadas en este análisis, adolecen de limitaciones, resultan cruciales, dado que tales percepciones influyen en las relaciones entre las

administraciones tributarias y los contribuyentes. Son bien conocidos los problemas que presentan las encuestas sobre percepciones, especialmente en materia de impuestos, ámbito en el cual se detecta con frecuencia que el comportamiento de los encuestados no coincide con sus respuestas. Algunos de estos problemas son menos relevantes para este análisis, ya que se centra en el comportamiento percibido de otras personas, y no en el comportamiento de los propios encuestados. No obstante, existen riesgos adicionales, entre los que destaca el hecho de que las percepciones del comportamiento de otras personas se vean sesgadas por las experiencias más impactantes (ya sean positivas o negativas) que los encuestados han tenido con un pequeño número de actores, en lugar de basarse en un balance de todas las experiencias pertinentes. En el caso de las percepciones de los funcionarios tributarios sobre las Cuatro Grandes, es posible que no tengan experiencia directa con los servicios al cliente de las Cuatro Grandes. Por consiguiente, aunque existe el riesgo de que las percepciones estén sesgadas y, por tanto, no constituyan un indicador perfecto de los niveles existentes de moral tributaria de las EMN o de las Cuatro Grandes, estos datos siguen siendo muy importantes, pues las percepciones que tienen los funcionarios tributarios y las empresas incidirán en el modo en que gestionen sus relaciones mutuas. Por lo tanto, estas percepciones, aunque sean sesgadas, probablemente serán muy relevantes para indicar la magnitud del reto de reforzar la confianza y la moral tributaria, puesto que en última instancia la confianza solo podrá fortalecerse cambiando tales percepciones.

2.2. Cumplimiento rutinario

La interacción más rutinaria entre las autoridades tributarias y las EMN, esto es, el pago puntual de los impuestos, se considera en general buena en todas las regiones. El pago puntual de los impuestos es fundamental para el cumplimiento voluntario y, a este respecto, en todas las regiones la percepción es que las grandes empresas/EMN cumplen sus obligaciones fiscales dentro de los plazos establecidos, pues al menos el 77% de los funcionarios tributarios están de acuerdo en que la mayoría o casi todas las EMN pagan puntualmente (Gráfico 2.2, Panel A).

A medida que las interacciones rutinarias se hacen más complejas, el cumplimiento percibido comienza a diferir entre las regiones. La actuación de las EMN se percibe de manera menos favorable en lo que respecta a la respuesta a las solicitudes a tiempo y a la facilitación de información en la forma correcta, que son también funciones rutinarias del cumplimiento. En todas las regiones, el comportamiento percibido fue inferior que en el caso del pago puntual: en la OCDE, los funcionarios que afirman que la mayoría de las grandes empresas/EMN responden a tiempo a las solicitudes desciende al 75%, mientras que en Asia, África y LAC solo entre un 65% y un 50% de los funcionarios contestaron que la mayoría o todas las EMN responden a tiempo (Gráfico 2.2, Panel B). Del mismo modo, cuando se pregunta si la información se facilita en la forma correcta, se observa una gran disparidad entre las distintas regiones: en LAC, menos de la mitad (44%) de las autoridades tributarias creen que la mayoría o todas las grandes empresas/EMN proporcionan la información solicitada en la forma correcta. Este porcentaje aumenta al 54 % en África, al 61% en Asia y al 75% en la OCDE.

Gráfico 2.2. ¿Las grandes empresas/EMN pagan/responden en plazo?

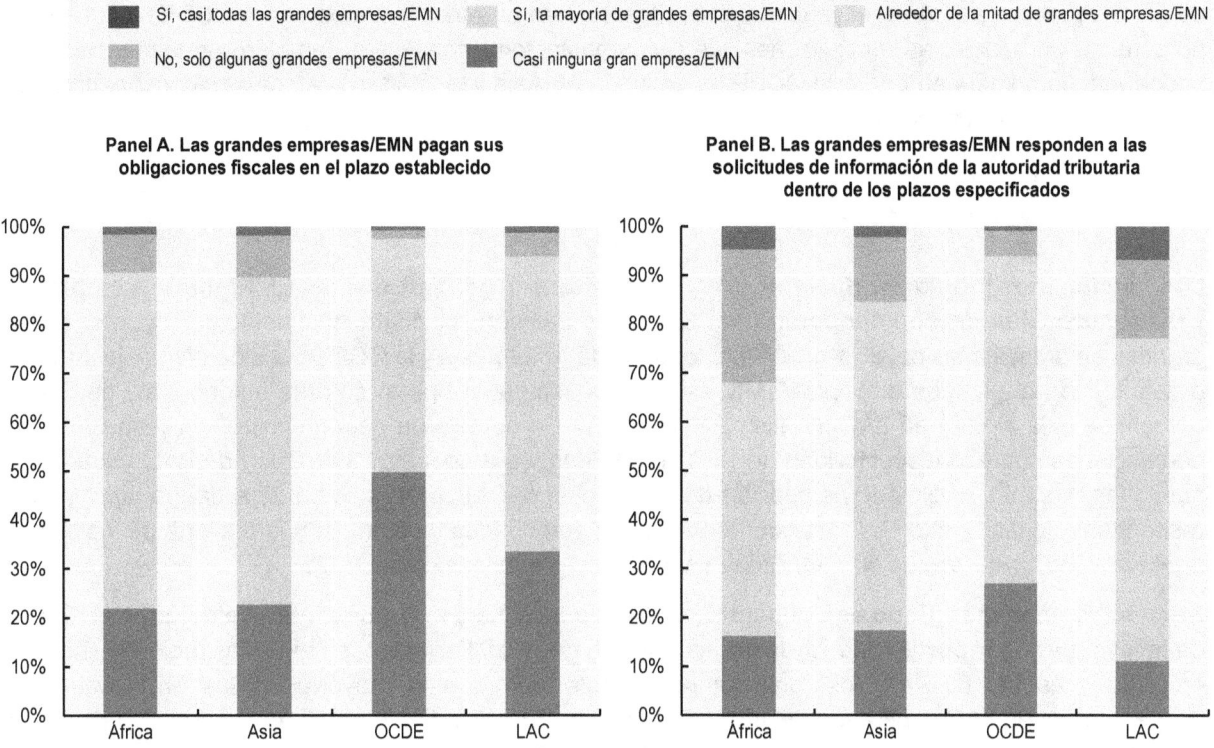

Nota: Media regional simple. Los países están ponderados para que ningún país represente más del 10% de su muestra regional.
Fuente: OCDE (2020), Encuesta sobre el comportamiento fiscal de las empresas multinacionales y las Cuatro Grandes consultoras.

Aunque las EMN y las administraciones tributarias coincidieron en que no cabe denegar las solicitudes razonables de información, tanto las mesas redondas como la encuesta sobre las percepciones de las EMN indicaron los motivos de la dificultad de responder a las solicitudes. Dichos motivos abarcan las dificultades dentro de las empresas y la forma en que se solicita la información.

La previsibilidad o imprevisibilidad de las exigencias a cargo de los contribuyentes puede afectar su capacidad de responder a tiempo. En las mesas redondas, varias EMN señalaron las dificultades de ofrecer una respuesta a tiempo cuando las solicitudes se reciben sin previo aviso y/o con plazos breves, especialmente si llegan en un momento en que los departamentos de cumplimiento tributario soportan una gran carga de trabajo (p. ej., al cierre del ejercicio impositivo). Las empresas indicaron que su respuesta a las solicitudes con frecuencia se ve ralentizada por factores como el nivel de detalle de las solicitudes, el uso de un lenguaje distinto al empleado en la comunicación interna, el formato en que se solicitan los datos (cuando es diferente de aquel en que la empresa mantiene sus registros) y las barreras para acceder a la información poseída por otras entidades del grupo. Si bien la mayoría de estos factores pueden ser solucionados por las empresas perfeccionando sus propios procesos y aportando recursos suficientes que garanticen el cumplimiento, en algunas áreas las administraciones tributarias pueden fomentar una respuesta más eficiente mediante ajustes del modo en que se solicita la información.

Las empresas también plantearon cuestiones acerca de la finalidad y eficiencia de algunas solicitudes, indicando que una comprensión previa de lo que la Administración pretende analizar les permitiría cumplir mejor y reducir las cargas innecesarias del cumplimiento. Las Administraciones se mostraron de acuerdo en que cuando los contribuyentes pueden entender *por qué* se les solicita la información, puede observarse un mayor cumplimiento. Estos debates de las mesas redondas se ven respaldados por los datos de la encuesta sobre EMN, según la cual un tratamiento impredecible o incongruente por parte de las autoridades es una de las mayores preocupaciones de las EMN (el primero de entre 21 factores en Asia, el segundo en LAC, el tercero en África y el sexto en la OCDE). El grado de burocracia (incluidas las obligaciones de documentación) constituye también una preocupación importante (la primera en LAC y la OCDE, la segunda en Asia y la cuarta en África), en consonancia con las conclusiones antes mencionadas.

2.3. Cooperación y confianza

Los funcionarios tributarios (fuera de LAC) consideran, en general, que las EMN/grandes empresas y las Cuatro Grandes son cooperadoras. En cuanto a la percepción de la voluntad de cooperar de las grandes empresas, más del 60% de los funcionarios de África, Asia y la OCDE consideran que la mayoría o casi todas las grandes empresas/EMN están dispuestas a cooperar con las autoridades, pero este porcentaje baja al 49% en LAC (Gráfico 2.3, Panel A). Se aprecia un patrón similar con respecto a las percepciones sobre la disponibilidad de las Cuatro Grandes a cooperar. La región de LAC muestra de nuevo los menores niveles de percepción de la voluntad de cooperar: solo un 27% de los funcionarios responden que las Cuatro Grandes cooperan con las autoridades tributarias en la mayoría de los casos, frente a un 45% en Asia, un 50% en África y un 58% en los países de la OCDE.

Se percibe un menor grado de cooperación cuando se trata de resolver interpretaciones erróneas de la ley, aunque el porcentaje sigue siendo alto en general. De nuevo, en todas las regiones, excepto en LAC, más del 60% de los funcionarios consideraron que la mayoría de las empresas eran cooperadoras; en LAC la cifra fue del 48% (Gráfico 2.3, Panel B). La voluntad de cooperar en casos de interpretación errónea de la ley parece ser de interés mutuo para las EMN y las autoridades tributarias, ya que las EMN señalan que la legislación presenta algunos problemas que obstaculizan la certeza fiscal. En todas las regiones, la falta de claridad de la legislación, su complejidad, las incongruencias o conflictos en la interpretación de las normas fiscales internacionales, así como una legislación tributaria no adaptada a los nuevos modelos de negocio constituyen problemas de alta prioridad para las EMN. En las mesas redondas regionales, varias EMN señalaron también la importancia de poder intercambiar opiniones sobre la interpretación de la ley, tanto durante el proceso de formulación de políticas como durante los procedimientos de inspección. El reto es especialmente notable en LAC, ya que mientras que las EMN que operan en LAC consideran que los problemas de interpretación errónea de la ley suponen una mayor preocupación que en las demás regiones, las administraciones tributarias de LAC perciben una menor voluntad de cooperar para solucionar esas interpretaciones erróneas.

Gráfico 2.3. Voluntad de cooperación de las grandes empresas/EMN

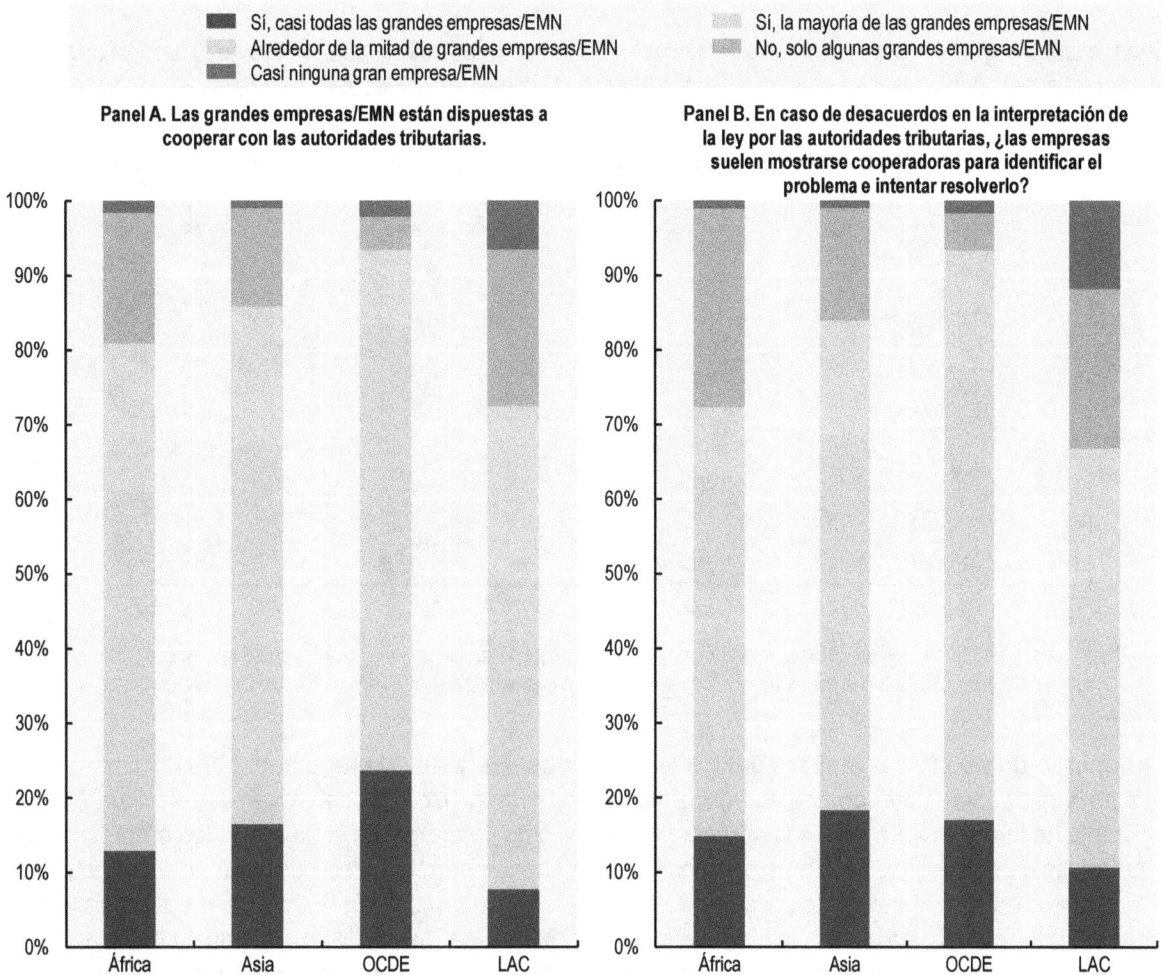

Nota: Media regional simple. Los países están ponderados para que ningún país represente más del 10% de su muestra regional.
Fuente: OCDE (2020), Encuesta sobre el comportamiento fiscal de las empresas multinacionales y las Cuatro Grandes consultoras.

Se percibe una menor voluntad de cooperar cuando no se dispone de información. Al preguntar por la frecuencia con la que las empresas aportan una justificación de la no disponibilidad de la información y colaboran con las autoridades, solo en torno al 50% de los funcionarios tributarios de África, Asia y LAC responden que en la mayoría de los casos se aporta una justificación y se muestra una actitud de colaboración (Gráfico 2.4). Esta cifra es significativamente inferior a la de los países de la OCDE (un 78%) y sugiere que el acceso a la información puede resultar especialmente problemática en Asia, África y LAC, lo cual parecen confirmar las mesas redondas. Varias administraciones señalaron que los desafíos aumentan cuando la información está en poder de otra entidad del mismo grupo de EMN, un aspecto que también subrayaron varias empresas participantes en las mesas redondas.

Gráfico 2.4. Reacción de las EMN/grandes empresas ante solicitudes de información por las autoridades tributarias

Cuando el contribuyente no dispone de la información solicitada por las autoridades tributarias, ¿la EMN / gran empresa en cuestión dio una explicación justificada y colaboró con las autoridades?

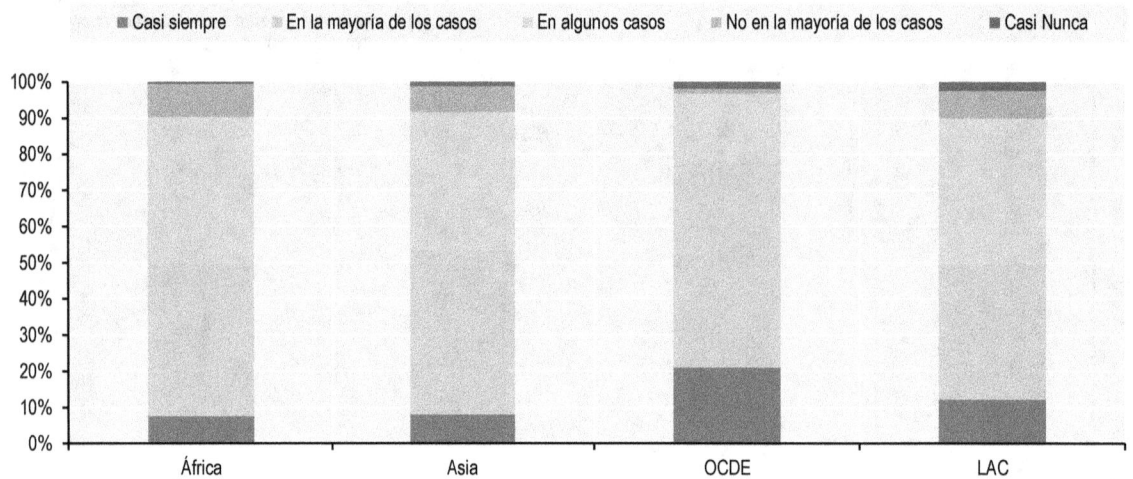

Nota: Media regional simple. Los países están ponderados para que ningún país represente más del 10% de su muestra regional.
Fuente: OCDE (2020), Encuesta sobre el comportamiento fiscal de las empresas multinacionales y las Cuatro Grandes consultoras.

La cooperación puede ser mayor cuando surgen controversias. Al preguntar sobre las percepciones respecto a la cooperación con ocasión de la negociación/resolución de controversias, solo un pequeño porcentaje de funcionarios tributarios aprecian una actitud no cooperadora en las grandes empresas/EMN. En África, solo el 5% de los funcionarios consideraron que las empresas no cooperaban en algunos o en todos los casos, aumentando este porcentaje al 17% en LAC (Gráfico 2.5). Esto sugiere que una vez que aumentan los riesgos y surge una controversia formal, existe una mayor disponibilidad a cooperar, lo cual pone de manifiesto la oportunidad de extender esta actitud a las interacciones que tienen lugar antes de que surjan las controversias.

Gráfico 2.5. Actitud de las grandes empresas/EMN en la resolución de controversias

Según su experiencia, al discutir o tratar de resolver cuestiones de controversias con grandes empresas/EMN, la actitud de estas ha sido:

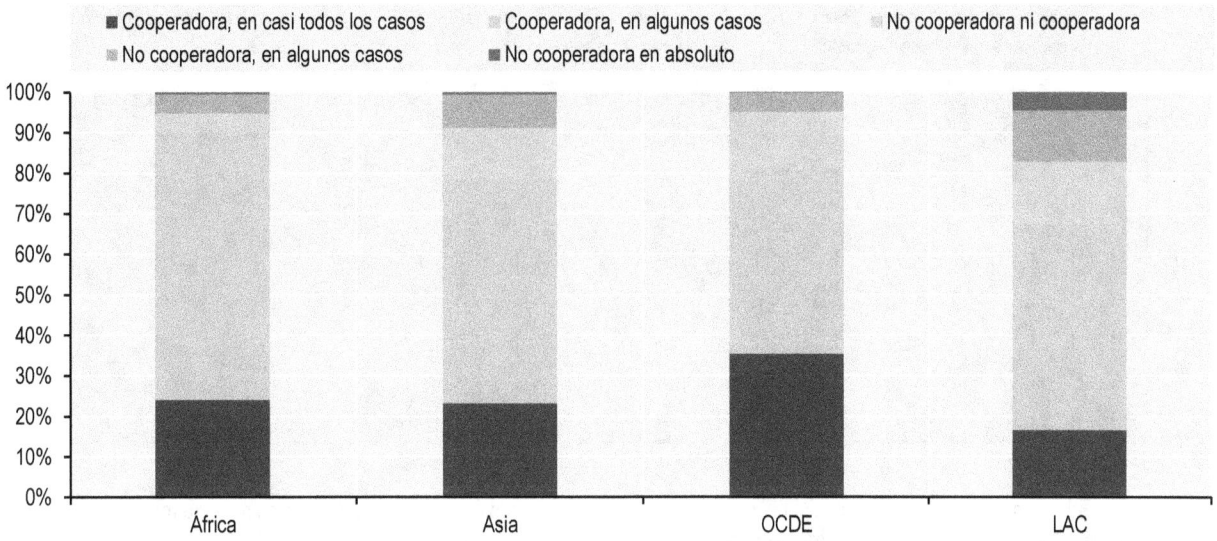

Nota: Media regional simple. Los países están ponderados para que ningún país represente más del 10% de su muestra regional.
Fuente: OCDE (2020), Encuesta sobre el comportamiento fiscal de las empresas multinacionales y las Cuatro Grandes consultoras.

Cooperación no parece ser sinónimo de confianza. Aunque los funcionarios tributarios consideren que las grandes empresas/EMN son cooperadoras, ello no significa necesariamente que estimen que la cooperación está basada en la confianza, especialmente en lo que respecta a la confianza en la información proporcionada. Cuando se preguntó a los funcionarios si podía confiarse en la información fiscal facilitada por las grandes EMN, las respuestas fueron mucho menos positivas que en materia de cooperación, en especial en los países no pertenecientes a la OCDE. Mientras que el 74% de los funcionarios de países de la OCDE dicen que se puede confiar en la información de la mayoría/todas las grandes empresas/EMN, este porcentaje desciende a un 53% en Asia, un 43% en África y un 37% en LAC. Del mismo modo, aunque la mayoría de los funcionarios tributarios considera que las grandes empresas/EMN cooperan durante las controversias, un porcentaje mucho menor percibe que actúan de buena fe durante las negociaciones de las controversias (véase Controversias, conflictos y resolución). Esta falta de confianza generalizada entre administraciones tributarias y empresas fue mencionada repetidamente en las mesas redondas, y la búsqueda de sistemas para fortalecer la confianza se señaló como una alta prioridad tanto para las administraciones tributarias como para las empresas.

Gráfico 2.6. Confianza en la información facilitada por grandes empresas/EMN

Se puede confiar en la información fiscal proporcionada por las grandes empresas/EMN a las autoridades tributarias

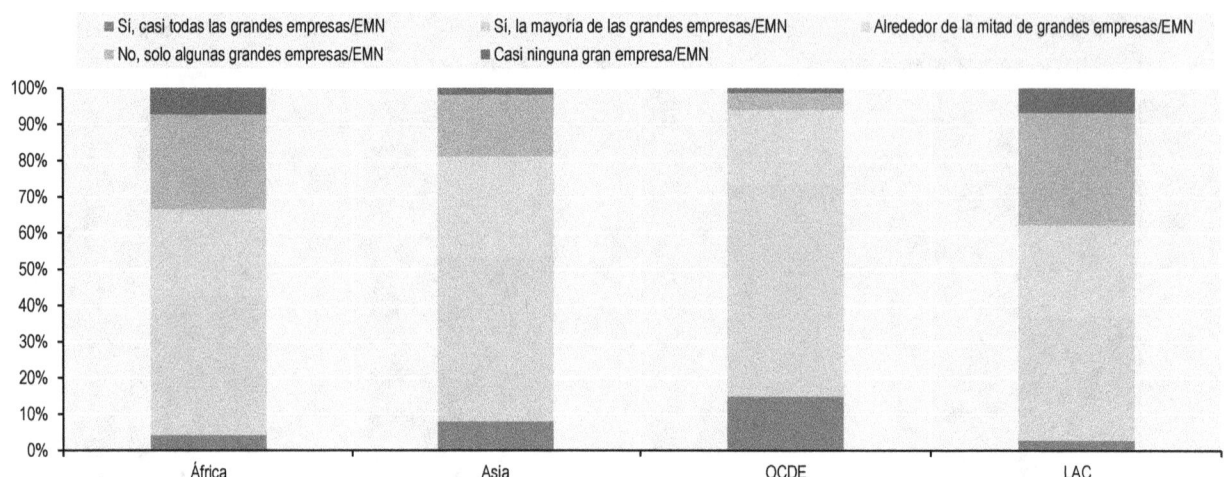

Nota: Media regional simple. Los países están ponderados para que ningún país represente más del 10% de su muestra regional.
Fuente: OCDE (2020), Encuesta sobre el comportamiento fiscal de las empresas multinacionales y las Cuatro Grandes consultoras.

La percepción de cooperación por parte de las Cuatro Grandes no está correlacionada con las percepciones de seguimiento del espíritu/intención de la ley o de la voluntad de promover estructuras artificiales de planificación fiscal. Mientras que alrededor del 50% de los funcionarios (excepto en LAC, en donde el porcentaje es del 27%) afirman que las Cuatro Grandes cooperan con las autoridades en la mayoría de los casos (Gráfico 2.7, Panel A), este porcentaje se reduce a aproximadamente un 25% (19% en LAC) cuando se les pregunta si las Cuatro Grandes siguen el espíritu/intención de las leyes tributarias (Gráfico 2.7, Panel B). Ello puede reflejar el hecho de que en muchos países las leyes tributarias son poco claras, por lo que dilucidar su espíritu/intención puede ser complejo. Se ha observado un patrón similar, sin embargo, en las respuestas a la pregunta de si las Cuatro Grandes solo promueven una planificación fiscal alineada con el contenido (es decir, no promueven estructuras de planificación fiscal artificiales). Aquí el patrón seguido es similar al de las respuestas relativas al espíritu de la ley: aproximadamente el 20% de los funcionarios de África, Asia y LAC dicen que las Cuatro Grandes promueven una planificación fiscal alineada con el contenido en la mayoría de los casos (29% en la OCDE) (Gráfico 2.7, Panel C). Una vez más, pueden existir diferencias de opinión sobre cuáles son los requisitos de contenido, pero estos resultados apuntan a que el reto de reforzar la confianza, al menos en una interpretación común de la ley, también está presente en la relación entre las autoridades tributarias y las Cuatro Grandes.

Gráfico 2.7. Cooperación, seguimiento del espíritu de la ley y planificación fiscal por las Cuatro Grandes

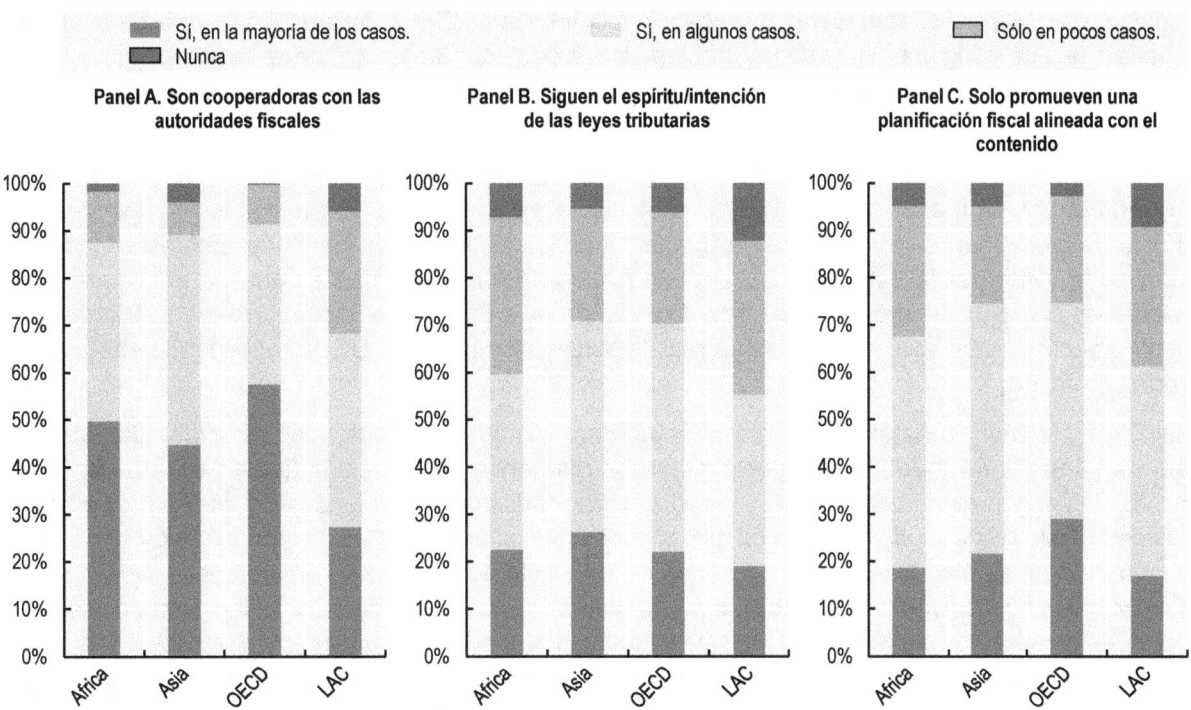

Nota: Media regional simple. Los países están ponderados para que ningún país represente más del 10% de su muestra regional.
Fuente: OCDE (2020), Encuesta sobre el comportamiento fiscal de las empresas multinacionales y las Cuatro Grandes consultoras.

En los debates de las mesas redondas se destacó la importancia y el reto de construir relaciones de confianza entre las administraciones tributarias y las empresas (y los asesores). Para construir tales relaciones se requiere la intervención de todos los socios. La encuesta sobre las percepciones de las EMN y los debates de la mesa redonda proporcionan, pues, información adicional valiosa para identificar el conjunto de problemas que han de abordarse con objeto de reforzar la confianza. Los resultados de la encuesta sobre la administración tributaria indican que algunas empresas (y asesores) pueden tener que revisar su enfoque de la cooperación con las administraciones tributarias, especialmente las de países no pertenecientes a la OCDE, a fin de centrarse no solo en las formalidades de la cooperación, sino también para mejorar la calidad de la cooperación ofrecida. Sin embargo, es poco probable que esto sea suficiente, dado que la confianza requiere acciones de todos los socios, por lo que los debates en mesas redondas y los datos relativos a las percepciones de las EMN pueden proporcionar una información adicional valiosa acerca de los elementos que interfieren en la confianza, ayudando a detectar las áreas en las que centrarse para fomentar la confianza mutua.

Las EMN no perciben problemas significativos en las relaciones con las autoridades tributarias en general. Las EMN de todas las regiones consideran que la "relación general deficiente con la autoridad tributaria" es una de las causas menos importantes de incertidumbre fiscal, ocupando este factor el puesto 20 de entre 21 en África y Latinoamérica, el 19 en Asia y el 17 en la OCDE. Esto sugiere que, al igual que la mayoría de los funcionarios tributarios estiman que la mayor parte de las grandes empresas/EMN son cooperadoras (al menos en cierto grado), la mayoría de las EMN no consideran que la relación general con las autoridades tributarias en general sea demasiado negativa. Así pues, mientras que hay una serie de problemas específicos que es preciso abordar, existe una base razonablemente sólida para tratar de fomentar la confianza.

La imprevisibilidad del tratamiento por parte de las autoridades tributarias puede limitar las posibilidades de cooperación y dificultar la confianza. El tratamiento impredecible o incongruente por parte de la autoridad tributaria se ha señalado como la causa más importante de incertidumbre fiscal en Asia, la segunda en LAC, la tercera en África y la sexta en la OCDE. Asimismo, en las mesas redondas se señaló esa cuestión como uno de los problemas que obstaculizan la confianza y la cooperación, y las EMN destacaron lo difícil que les resulta ser plenamente receptivas y cooperadoras en un entorno impredecible.

Una legislación poco clara y/o una burocracia considerable pueden también afectar a la cooperación y confianza. Si las obligaciones de cumplimiento no están claras y/o los trámites burocráticos que hay que seguir son exigentes, puede resultar difícil para las empresas cooperar plenamente y reforzar la confianza. La falta de claridad de la legislación es una de las causas más importantes de incertidumbre fiscal en África (la segunda en la OCDE y la octava en Asia y LAC), mientras que el grado de burocracia es el problema más importante en LAC y la OCDE, el segundo en Asia y el cuarto en África.

Las EMN también señalan como problemas para construir relaciones eficientes la falta de comprensión de las cadenas de valor y las preocupaciones relativas a la fiscalidad internacional. En todas las mesas redondas, las EMN y las administraciones tributarias destacaron los desafíos relativos a la comprensión de las cadenas de valor, que pueden crear confusión y falta de comunicación, generando una percepción de falta de voluntad de cooperación y/o falta de confianza. Las empresas indicaron que estos desafíos pueden verse agravados por los problemas de aplicación de la fiscalidad internacional (que figuran sistemáticamente entre las 10 principales fuentes de incertitud tributaria para las EMN), y algunas EMN hicieron notar que su voluntad de cooperar puede verse reducida si esperan que tal cooperación dará lugar a un tratamiento que se aparta de las normas internacionales.

La estructura organizativa de las administraciones tributarias y de las EMN también puede influir en la voluntad de cooperación de los contribuyentes. Algunas empresas señalaron que se sienten reacias a compartir voluntariamente información en negociaciones o consultas si estiman que existe un riesgo de que quienes comparten información de forma voluntaria pueden verse expuestos a un mayor riesgo de inspección u otras actuaciones coercitivas que las empresas similares menos transparentes. Varias administraciones declararon que contar con diferentes equipos o agencias a fin de separar las labores de negociación, inspección y resolución de controversias resulta eficaz para reforzar la confianza y ofrecer una sensación de imparcialidad. La estructura interna de las EMN también podría tener un efecto: según las administraciones, la cooperación es mejor con los grandes contribuyentes que disponen de estructuras de gobernanza interna para relacionarse con las administraciones tributarias.

Las directrices pueden ser una herramienta útil para crear confianza. Cuando existen, la mayoría de los funcionarios tributarios consideran que las grandes empresas/EMN las siguen. Las directrices pueden contribuir a aclarar los requisitos y articular la relación entre los contribuyentes y las administraciones de forma transparente y abierta. Las encuestas ofrecen diversos datos empíricos que apoyan el uso de directrices. En África, Asia y la OCDE, aproximadamente un 75% de los funcionarios tributarios consideran que la mayoría de las grandes empresas/EMN siguen las directrices/orientaciones/procedimientos existentes para gestionar la relación entre las autoridades tributarias y los contribuyentes. Esta proporción desciende al 58% en LAC.

Asimismo, existe una correlación entre los encuestados que afirman que existen procedimientos/directrices específicos para las EMN y que perciben mayores niveles de confianza en las EMN. Los encuestados que afirman que en sus jurisdicciones existen directrices/procedimientos muestran mayor propensión a considerar que todas/la mayoría de las EMN/grandes empresas son abiertas y transparentes, lo que apunta a la existencia de un vínculo entre las directrices y la mejora de las relaciones entre contribuyentes y administraciones tributarias. Más de la mitad (57%) de los encuestados que dicen que existen procedimientos detallados en su jurisdicción, también consideran que todas/la mayoría de las EMN/grandes empresas son abiertas y transparentes.

No obstante, es posible que sea necesario seguir trabajando para garantizar el uso y el conocimiento de las directrices. Los datos también sugieren que, cuando existen directrices/procedimientos, es necesario garantizar su uso. Así sucede en especial en el caso de LAC, en donde el 29% de los funcionarios tributarios declararon que casi nunca se utilizan (frente a alrededor del 10% en otras regiones). Asimismo, es necesario realizar esfuerzos para dar a conocer tales directrices: por ejemplo, existen diferencias significativas en las respuestas de los funcionarios de una misma administración sobre si tales directrices existen, lo que apunta a que el conocimiento de las mismas dentro de las administraciones tributarias es en ocasiones escaso.

Las EMN también dan prioridad a las orientaciones o guías relativas a la normativa fiscal. Las EMN que operan en África consideran que las orientaciones detalladas relativas a la normativa fiscal son la herramienta más importante para mejorar la certeza fiscal, mientras que en Asia ocupan el tercer puesto, el cuarto en la OCDE y el sexto en LAC. Si bien no es exactamente el mismo tipo de orientación sobre la que se preguntó a los funcionarios tributarios, indica que las EMN atribuyen un gran valor a las directrices adecuadas, lo cual fue confirmado por las EMN que participaron en las mesas redondas. Algunas EMN participantes subrayaron también el valor del estatuto del contribuyente o del defensor del contribuyente a efectos de ofrecer claridad y rendición de cuentas en la relación con los funcionarios tributarios.

2.4. Apertura y transparencia

Las percepciones sobre la apertura y la transparencia de las grandes empresas/EMN ante las autoridades tributarias varían según las regiones. Mientras que el 64% de los funcionarios de los países de la OCDE estiman que la mayoría/todas las grandes empresas/EMN son abiertas y transparentes y facilitan toda la información pertinente, este porcentaje cae al 54% en Asia, el 44% en África y solo el 32% en LAC (Gráfico 2.8). Cabe observar una pauta similar en lo que respecta a las percepciones sobre la transparencia en las respuestas a solicitudes. También en este caso, mientras que el 64% de los funcionarios de los países de la OCDE consideran que la mayoría/todas las grandes empresas/EMN responden a las solicitudes de manera abierta, transparente y directa, este porcentaje desciende al 48% en Asia, el 43% en África y el 38% en LAC (Gráfico 2.8).

Gráfico 2.8. ¿Se percibe a las grandes empresas/EMN como abiertas y transparentes?

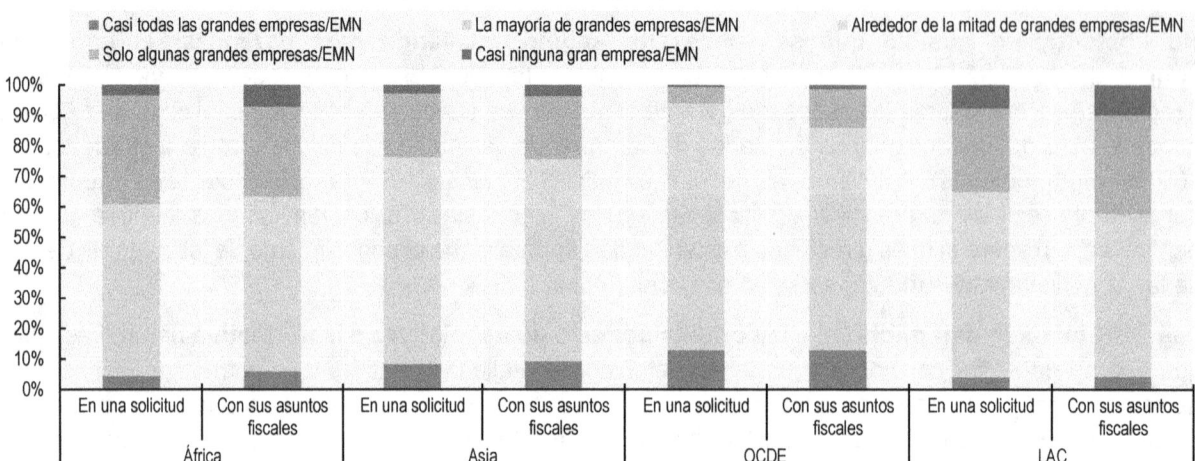

Nota: La columna en la que se indica "en una solicitud" se refiere a la pregunta "Ante la solicitud de las autoridades tributarias, las grandes empresas/EMN responden de manera abierta, transparente y directa". Del mismo modo, la columna en la que se indica "con sus asuntos fiscales" se refiere a la pregunta "Cuando piensa en las grandes empresas/EMN de su país, ¿cree que son correctas las siguientes afirmaciones? Las grandes empresas/EMN son transparentes y abiertas con las autoridades tributarias en lo que respecta a sus asuntos fiscales y la información pertinente". Los países están ponderados para que ningún país represente más del 10% de su muestra regional.
Fuente: OCDE (2020), Encuesta sobre el comportamiento fiscal de las empresas multinacionales y las Cuatro Grandes consultoras.

La percepción de la disponibilidad de las grandes empresas/EMN a explicar públicamente sus prácticas fiscales también varía significativamente entre regiones. La mayoría de los funcionarios tributarios no tienen conocimiento de los casos en los que se ha solicitado a grandes empresas/EMN explicar públicamente sus prácticas fiscales. El 68% de los funcionarios en LAC no tienen conocimiento de tales peticiones de explicaciones públicas en su país. Del mismo modo, el 61% de los funcionarios de África, el 56% de Asia y el 38% en la OCDE no tienen conocimiento de ello. Tal vez esto no sea sorprendente, dado que, en gran parte, el debate público y el cuestionamiento de las prácticas fiscales de las EMN ha tenido lugar en los medios de comunicación, los parlamentos y la sociedad civil de los países de la OCDE. En los casos en que los funcionarios son conscientes de las demandas de debate público sobre las prácticas fiscales de las empresas, las percepciones difieren significativamente entre las regiones (Gráfico 2.9). Aproximadamente dos tercios de los funcionarios que tenían conocimiento de las peticiones de debates públicos en la OCDE y Asia estiman que las empresas están dispuestas a dar explicaciones en la mayoría de los casos. Esta cifra se reduce a poco menos de la mitad en África y a un tercio en LAC. Es destacable que en las regiones en las que hay un mayor conocimiento de peticiones de debate público sobre las prácticas fiscales de las empresas, existe también una mayor percepción de la voluntad de las empresas de explicarlas. Esto puede indicar que la presión pública sobre las empresas para que expliquen sus prácticas fiscales influye positivamente en su disponibilidad a participar en el debate público.

Gráfico 2.9. Disponibilidad de las grandes empresas/EMN a explicar sus prácticas fiscales públicamente

Según mi experiencia, en mi país, cuando se les ha pedido que explicaran sus prácticas fiscales públicamente (es decir, en los medios de comunicación, a la sociedad civil o en el parlamento), la actitud de las grandes empresas/EMN ha sido:

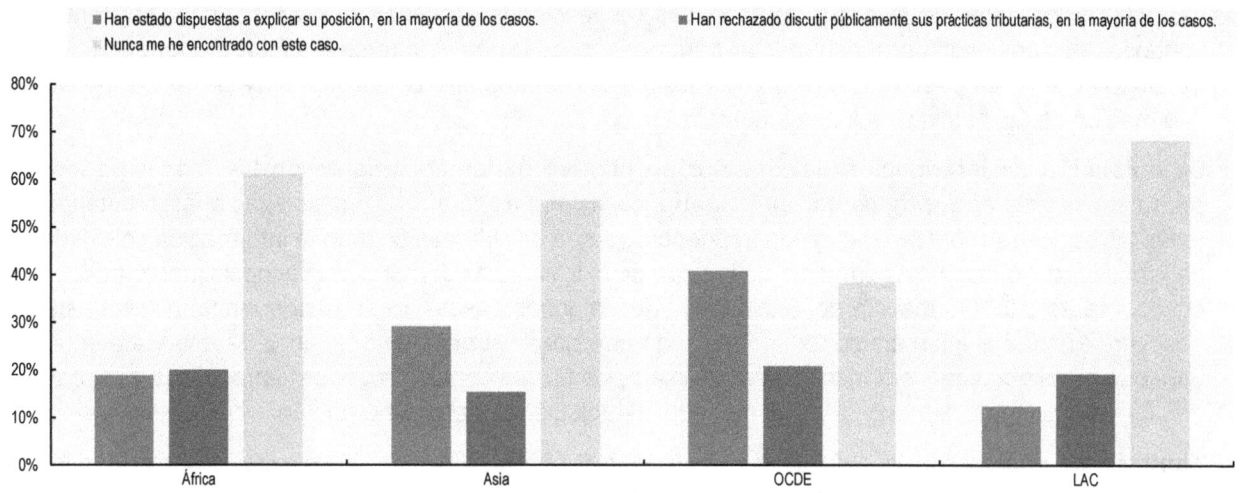

Nota: Media regional simple. Los países están ponderados para que ningún país represente más del 10% de su muestra regional.
Fuente: OCDE (2020), Encuesta sobre el comportamiento fiscal de las empresas multinacionales y las Cuatro Grandes consultoras.

Hay mucha menor variación en las percepciones de la transparencia entre las Cuatro Grandes. En contraste con las significativas variaciones en las percepciones de la transparencia de las grandes empresas/EMN, las percepciones acerca de las Cuatro Grandes son mucho más uniformes. El 31% de los funcionarios de países de la OCDE consideran que las Cuatro Grandes son transparentes y facilitan en la mayoría de los casos toda la información pertinente que se les solicita, siendo este porcentaje del 27% en Asia, el 26% en África y el 18% en LAC (Gráfico 2.10), lo que indica que esta percepción es mucho más homogénea en todo el mundo.

Gráfico 2.10. Percepción de la transparencia de las Cuatro Grandes ante las autoridades tributarias

En mi jurisdicción, las Cuatro Grandes son transparentes ante las autoridades tributarias, proporcionando toda la información pertinente cuando se les solicita.

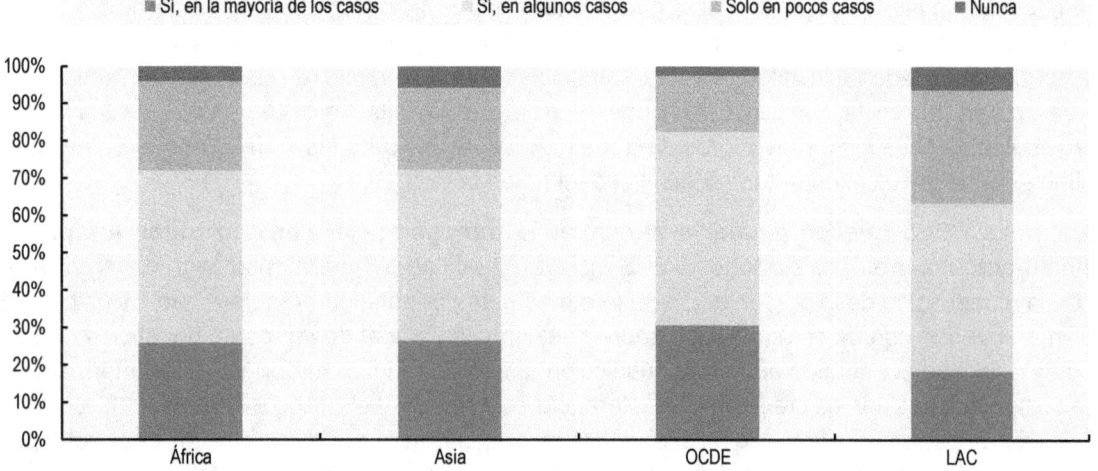

Nota: Media regional simple. Los países están ponderados para que ningún país represente más del 10% de su muestra regional.
Fuente: OCDE (2020), Encuesta sobre el comportamiento fiscal de las empresas multinacionales y las Cuatro Grandes consultoras.

Aunque las exigencias legales pueden imponer un cierto grado de transparencia, el fomento de la apertura es un proceso bidireccional. Las mesas redondas y la encuesta sobre las percepciones de las EMN han revelado que puede existir un interés mutuo en las reformas para mejorar la apertura y la transparencia. Si bien los contribuyentes deben cumplir las obligaciones legales de presentación de información, es poco probable que tales obligaciones, por sí solas, refuercen la voluntad de comunicar información, especialmente más allá de los requisitos legales. Los debates mantenidos en las mesas redondas y los datos de la encuesta sobre las percepciones de las EMN proporcionan, por tanto, un contexto adicional útil para determinar dónde se encuentran los retos específicos en materia de transparencia y qué puede incentivar a las EMN a ser más abiertas, sin menoscabar la necesidad de información de las administraciones tributarias.

La obtención de información del exterior se planteó sistemáticamente en las mesas redondas como un problema fundamental en materia de transparencia. Las administraciones tributarias de todas las regiones subrayaron que con frecuencia surgen dificultades cuando la información solicitada ha de proceder del extranjero (normalmente la sede de la EMN). Las demoras son especialmente frecuentes cuando se solicita información del extranjero y, en algunos casos, no se recibe ninguna respuesta en absoluto. Aunque el intercambio de información entre administraciones tributarias es una vía alternativa para que éstas obtengan información del extranjero, los países señalaron que este proceso puede requerir una gran cantidad de tiempo y que aún no se ha establecido por completo en varios países en desarrollo.

También se destacaron las barreras lingüísticas y las inquietudes acerca de la seguridad de la información. Tanto las administraciones tributarias como las EMN destacaron los desafíos que plantea el idioma; las EMN (especialmente cuando proporcionan información del extranjero) prefieren facilitar la información en inglés, mientras que muchas administraciones tributarias no anglófonas pusieron de relieve los problemas que se suscitan cuando la información se presenta en inglés, aun cuando no esté permitido por la normativa. Otra dificultad que obstaculiza la transparencia es la seguridad de la información; las empresas señalaron que, para que la información sensible se intercambie de una forma más libre, debe existir confianza en la protección de la información.

Una de las principales preocupaciones de las EMN es el elevado nivel de las obligaciones de documentación. Aunque la documentación puede ser una herramienta importante para fortalecer la transparencia, el grado considerable de burocracia, incluidas las obligaciones de documentación, fue la primera preocupación para las EMN que operan en la OCDE y LAC, la segunda en Asia y la cuarta en África. En los debates de las mesas redondas, las EMN recalcaron que les preocupan especialmente las obligaciones de información cuya finalidad no es clara –lo que dificulta saber qué información ha de facilitarse– o en los casos en que el tipo o formato de la información solicitada no parece corresponder con su finalidad, lo que exige preparar más información de la necesaria y/o incrementar la probabilidad de que se necesiten nuevas solicitudes; en algunos casos, las EMN destacaron que este problema estaba relacionado con una falta de comprensión de la forma en que operan las empresas, incluido el modo en que se estructura la cadena de valor. Esta preocupación se reflejó también en cierta medida en la encuesta sobre certeza fiscal, en la que las EMN consideraron que la falta de comprensión de las empresas internacionales es el séptimo mayor problema (de un total de 21) para las EMN que operan en África (el undécimo en Asia, el decimocuarto en LAC y el décimo en la OCDE).

Las Acciones BEPS pueden ayudar a aumentar la transparencia, pero no todos los países se benefician actualmente. Las Acciones BEPS incluyen medidas para aumentar la transparencia, sobre todo con la introducción de la presentación de informes país por país, que requiere que las grandes EMN preparen un informe con datos agregados sobre la asignación global de ingresos, beneficios, impuestos pagados y actividad económica entre las jurisdicciones fiscales en las que opera. Este informe país por país se utiliza para evaluar los precios de transferencia de alto nivel y el riesgo BEPS. Aunque los informes país por país suponen un paso adelante en la transparencia, muy pocos países en desarrollo pueden recibir informes país por país al momento de redactarlo (véase (OECD, 2021[1])). Por lo tanto, las diferentes etapas de la aplicación de las Acciones BEPS a nivel mundial pueden explicar algunas de las variaciones en las percepciones reportadas.

2.5. Controversias, conflictos y resolución

En todas las regiones, las controversias fiscales son bastante habituales. Si bien las controversias son una parte inevitable del sistema fiscal, controversias frecuentes pueden ser tanto un indicio como una causa de una escasa confianza entre las EMN y las autoridades tributarias, reduciendo así el cumplimiento voluntario. En todas las regiones las controversias son bastante habituales, y menos del 9% de los funcionarios tributarios afirman que nunca o rara vez ocurren. En LAC, el 67% de las autoridades tributarias afirmó que las controversias ocurrían casi siempre o muy a menudo, una cifra considerablemente más alta que en África (48%), Asia (43%) y la OCDE (32%). Cabe destacar especialmente que el 27% de los funcionarios tributarios de LAC creen que casi siempre se producen controversias fiscales, un porcentaje significativamente más alto que en cualquier otra región (Gráfico 2.11, Panel A). Si bien en todo sistema fiscal cabe esperar que surjan controversias, y quizás especialmente en relación con los aspectos complejos de la fiscalidad internacional de las EMN, la elevada frecuencia de las controversias es motivo de preocupación, sobre todo por las presiones que ejerce tanto sobre los contribuyentes como sobre las administraciones tributarias. La apertura a procedimientos de resolución de controversias podría mejorar en todas las regiones, mostrando LAC los niveles más bajos (Gráfico 2.11, Panel B).

Gráfico 2.11. Frecuencia de las controversias fiscales y actitud empresarial ante la resolución de controversias

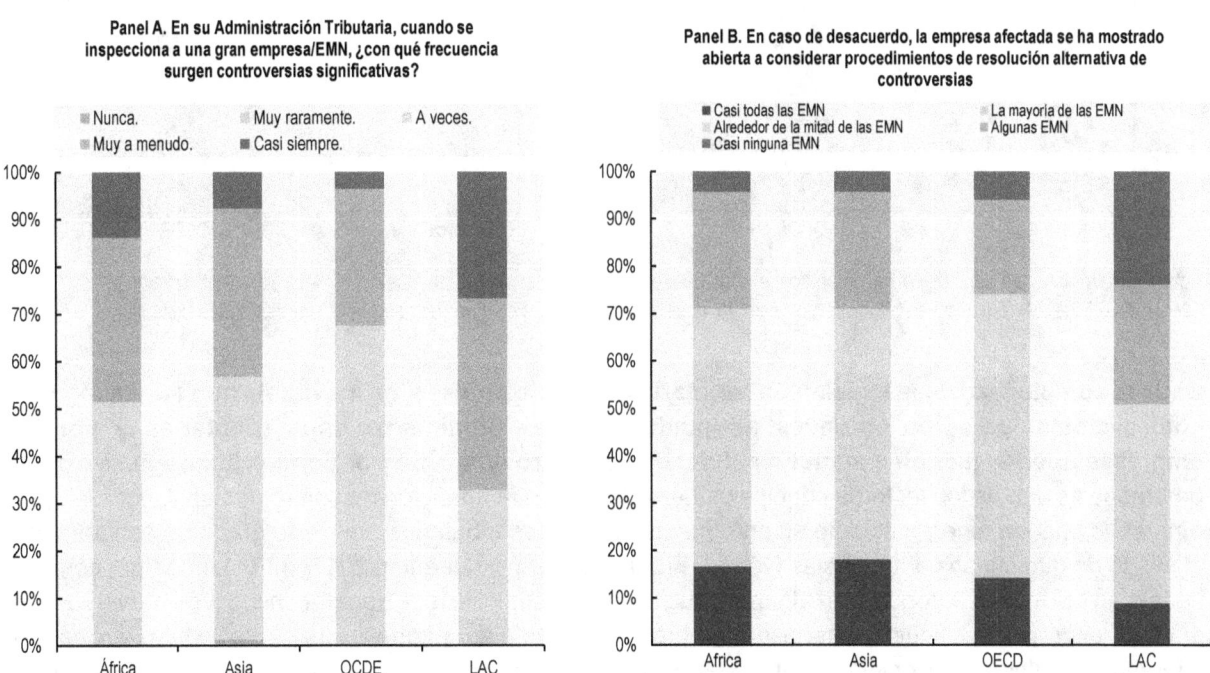

Nota: Media regional simple. Los países están ponderados para que ningún país represente más del 10% de su muestra regional.
Fuente: OCDE (2020), Encuesta sobre el comportamiento fiscal de las empresas multinacionales y las Cuatro Grandes consultoras.

En general, los funcionarios tributarios consideran que las grandes empresas/EMN son cooperadoras durante los procesos de resolución de controversias. En todas las regiones, al menos el 70% de los funcionarios tributarios perciben que las grandes empresas/EMN son cooperadoras en todos o la mayoría de los casos a la hora de resolver controversias. El mejor resultado se da en África, donde esta cifra llega hasta el 90% (Gráfico 2.12, Panel A). Sin embargo, al igual que sucede con la conclusión de que la cooperación percibida no es sinónimo de confianza, la actuación cooperadora no se interpreta siempre como una actuación de buena fe. En las regiones emergentes, un porcentaje mucho menor (entre el 50% y el 70%) percibe que las grandes empresas/EMN actúan de buena fe en todos/la mayoría de los casos en el curso de las negociaciones (Gráfico 2.12, Panel B).

Gráfico 2.12. Actitud de las EMN una vez iniciado efectivamente un procedimiento de resolución de controversias

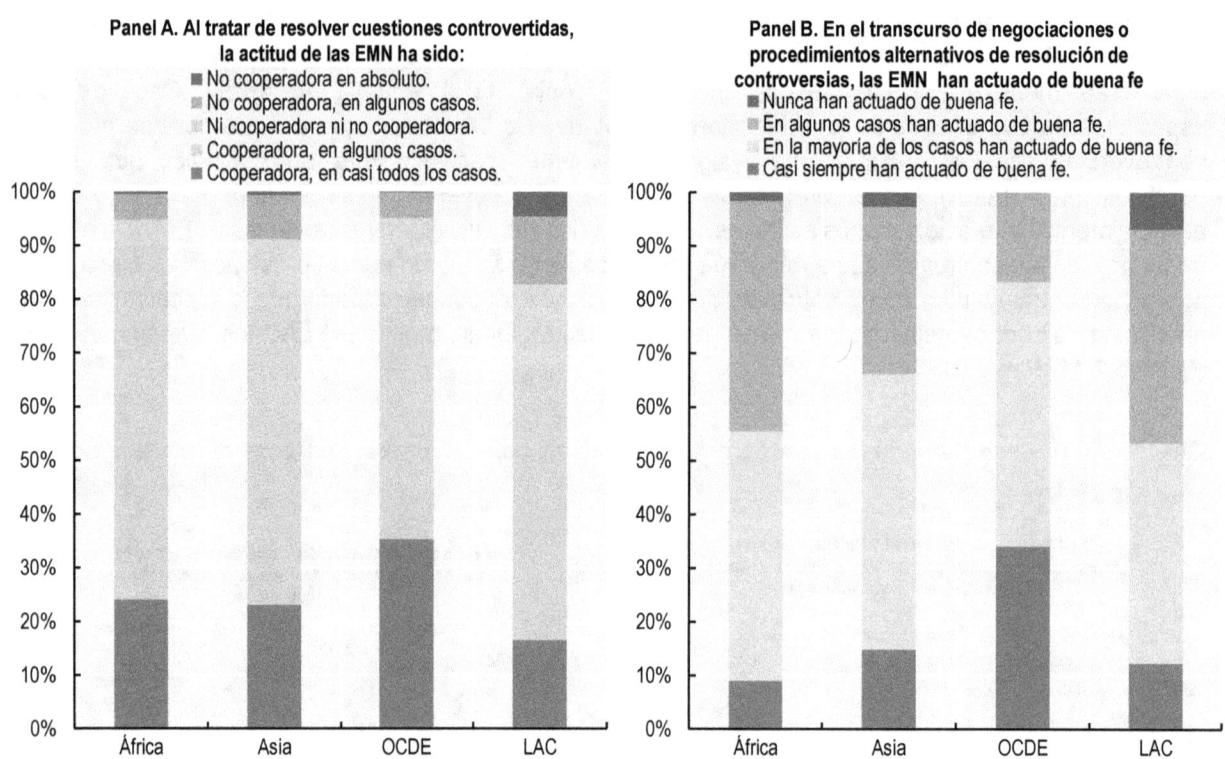

Nota: Media regional simple. Los países están ponderados para que ningún país represente más del 10% de su muestra regional.
Fuente: OCDE (2020), Encuesta sobre el comportamiento fiscal de las empresas multinacionales y las Cuatro Grandes consultoras.

Dada la complejidad de la legislación tributaria de muchos países, es inevitable que surjan algunas controversias, pero los enfoques adoptados por las administraciones tributarias y por las empresas pueden reducir o aumentar el riesgo de controversia. La planificación fiscal agresiva de las empresas es uno de los factores principales que influyen en la aparición de controversias y, por tanto, las empresas pueden tener, mediante su enfoque de los riesgos tributarios, un cierto grado de control sobre el riesgo de que surjan controversias (véase (Bruhne, 2022[2]) y (Quentin, 2017[3])). Sin embargo, como se señaló en las mesas redondas, en algunos casos las amnistías fiscales generan incentivos perversos que pueden alterar los cálculos de riesgo empresarial. También pueden suscitarse controversias por diferencias legítimas de opinión acerca de la interpretación de la ley, aunque el Gráfico 2.3 pone de manifiesto que algunas empresas pueden mostrar una actitud más cooperadora a la hora de intentar resolver las interpretaciones erróneas y reducir el riesgo de controversias. Además, como se puso de relieve en las mesas redondas, pueden surgir también controversias como consecuencia de los retos que entrañan los procesos en el sistema fiscal. Aunque puede que las administraciones tributarias tengan pocas posibilidades de reducir las controversias debidas a una planificación fiscal agresiva, las empresas y las administraciones tributarias comparten el interés común de disminuir las controversias causadas por interpretaciones erróneas y procesos, y, en este sentido, la encuesta de las EMN y las mesas redondas identifican ciertos problemas que pueden ocasionar tales controversias.

Los datos de la encuesta de EMN subrayan varios problemas que pueden generar controversias, así como un fuerte deseo de perfeccionar la resolución de controversias. Por ejemplo, la "legislación fiscal poco clara y mal redactada" se considera como la principal causa de incertidumbre fiscal en África (la primera de entre 21), la segunda en la OCDE y la octava en Asia y Latinoamérica. En Asia, el tratamiento impredecible o incongruente por parte de la autoridad tributaria se ha señalado como la primera causa de incertidumbre fiscal, la segunda en LAC, la tercera en África y la sexta en la OCDE. La complejidad de la legislación tributaria fue considerada como la tercera causa de incertidumbre fiscal en LAC y la OCDE (ocupando los puestos duodécimo y decimosexto en Asia y África respectivamente), mientras que las incongruencias o discrepancias entre las autoridades tributarias en su interpretación de las normas fiscales internacionales ocuparon el tercer puesto en Asia, el quinto en África y LAC, y el séptimo en la OCDE. La resolución eficaz de controversias se ha considerado el instrumento más importante para mejorar la certeza fiscal en Asia y LAC, el segundo más importante en África y el tercero en la OCDE.

Las mesas redondas indicaron que, a través de los procesos, es posible prevenir que los problemas de menor importancia se conviertan en litigios judiciales formales. Los participantes destacaron que un alto grado de rigidez puede dar lugar a controversias innecesarias. Por ejemplo, pequeños errores involuntarios de las empresas que podrían resolverse a través de la comunicación y cierta flexibilidad por parte de las administraciones tributarias podrían resultar en una controversia. Las empresas opinan que, en algunas jurisdicciones, las administraciones adoptan un enfoque demasiado aleatorio en cuanto a las inspecciones (en lugar de basarse en los riesgos), lo que puede resultar problemático cuando se combina con una falta de mecanismos de prevención de las controversias, tales como canales para debatir los desacuerdos y sanciones sin tener que iniciar procedimientos judiciales, lo cual incrementa la probabilidad de que los desacuerdos se conviertan en litigios judiciales en toda regla. Esta falta de proceso puede crear confusión, en especial cuando no existe transparencia acerca del modo en que se deciden o imponen las sanciones/multas, y puede generar la impresión de que las administraciones tributarias son injustas o demasiado agresivas. Algunas empresas resaltaron también el problema de la prolongación de los litigios, que se ven seguidos en algunos casos o con frecuencia por amnistías fiscales, indicando que este enfoque no solo genera incertidumbre, sino que también acarrea costes para los contribuyentes cumplidores, mientras que recompensa en la práctica a los incumplidores, creando así una estructura de incentivos perversos.

2.6. Uso del poder e incentivos

Aunque la mayoría de los funcionarios consideraron que las empresas utilizan su poder de forma legítima, existe una minoría significativa de funcionarios tributarios que aprecian abusos de poder generalizados. La posibilidad de que las grandes empresas/EMN abusen del poder económico y político del que disponen gracias a su tamaño es una preocupación generalizada. Los resultados de la encuesta aportan información sobre las percepciones en varias áreas en que podría abusarse de ese poder: acciones en negociaciones, ejercicio de presiones para obtener incentivos y utilizarlos, así como contratación de personal. Se preguntó asimismo sobre la legitimidad del uso del poder por parte de las Cuatro Grandes para presionar. Estas preguntas ponen de manifiesto que, si bien por término medio la mayoría de los funcionarios tributarios estiman que la mayor parte de las grandes empresas/EMN y las Cuatro Grandes ejercen su poder de forma legítima, existe una considerable minoría, especialmente en África y LAC, que aprecia comportamientos ilegales. En las mesas redondas se debatió menos sobre estos asuntos, pues muchos participantes destacaron que las oportunidades de abuso de poder se encuentran en otros lugares (p. ej., en los ministerios/políticos que conceden incentivos); la información sobre las percepciones de las EMN es también escasa, aparte de la importancia de los incentivos fiscales.

En todas las regiones, la mayoría de los funcionarios tributarios estiman que las grandes empresas/EMN actúan legalmente y de buena fe durante la mayor parte de las negociaciones y la resolución de controversias, si bien en LAC y África esta mayoría se supera por un escaso margen. Como se ha indicado en la sección anterior, en los países de la OCDE más de tres cuartas partes de los funcionarios aprecian actuación de buena fe en todos o la mayoría de los casos, pero este porcentaje disminuye a solo un 56% en África y un 53% en LAC, lo que supone que existe un margen considerable de mejora (Gráfico 2.12panel B).

La mejora de la resolución de controversias a nivel nacional puede brindar la oportunidad de reducir las posibilidades de abuso de poder, así como mejorar la certeza fiscal de las empresas. Si bien son las propias empresas las que tienen la obligación primordial de garantizar que su actuación es legal y de buena fe, puede haber margen para que las administraciones tributarias mejoren los procedimientos, aumentar los incentivos para que las empresas actúen de buena fe y reducir las posibilidades de que ejerzan una influencia ilegal. Esta petición parece ser compartida por las EMN, pues la resolución efectiva de controversias es una de las tres principales herramientas solicitadas por las EMN en todas las regiones.

Las percepciones sobre las actividades de los grupos de presión son bastante coincidentes, especialmente entre los funcionarios tributarios de los países la OCDE, África y Asia, y la mayoría de ellos estima que tales actividades son limitadas y legítimas. Las preguntas relativas a grupos de presión se refirieron tanto a las presiones ejercidas por las grandes empresas para lograr incentivos fiscales como a las presiones de las Cuatro Grandes en relación con casos de clientes concretos y política tributaria en general. En lo que respecta a las Cuatro Grandes, los funcionarios tributarios de los países de la OCDE fueron los menos propensos a considerar que las Cuatro Grandes carecen de poder para influir en los casos individuales o en las políticas/leyes fiscales, pero los más proclives a estimar que ese poder se utiliza legítimamente. En todas las regiones, más del 59% de los funcionarios consideraron que las Cuatro Grandes carecían de poder o utilizaban su poder de manera legítima tanto en casos individuales como en lo que respecta a las políticas/leyes tributarias. Entre el 20 y el 35% consideran que las Cuatro Grandes utilizan en ocasiones su poder de manera ilegítima, mientras que una pequeña minoría observa un patrón frecuente de comportamiento ilegítimo (Gráfico 2.13, Panel B).

Una mayor transparencia por parte de las autoridades y de las Cuatro Grandes podría ayudar tanto a reforzar la confianza en que la mayoría de las interacciones son legítimas como a reducir las interacciones ilegítimas e intensificar la rendición de cuentas por ellas. Con respecto a las presiones que ejercen las grandes empresas/EMN para obtener incentivos fiscales más allá de la legislación vigente, las percepciones son similares en la OCDE, África y Asia: aproximadamente un 60% de los funcionarios declaran que ninguna/solo algunas empresas ejercen este tipo de presiones; esta cifra es muy inferior, sin embargo, en LAC, con un 43%. Mientras que en torno a una cuarta parte de los funcionarios de África, Asia y la OCDE consideran que la mayoría/todas las empresas ejercen presiones para obtener incentivos específicos, esta cifra se eleva al 47% en LAC (Gráfico 2.13, Panel A).

Gráfico 2.13. Percepción de las actividades de los grupos de presión

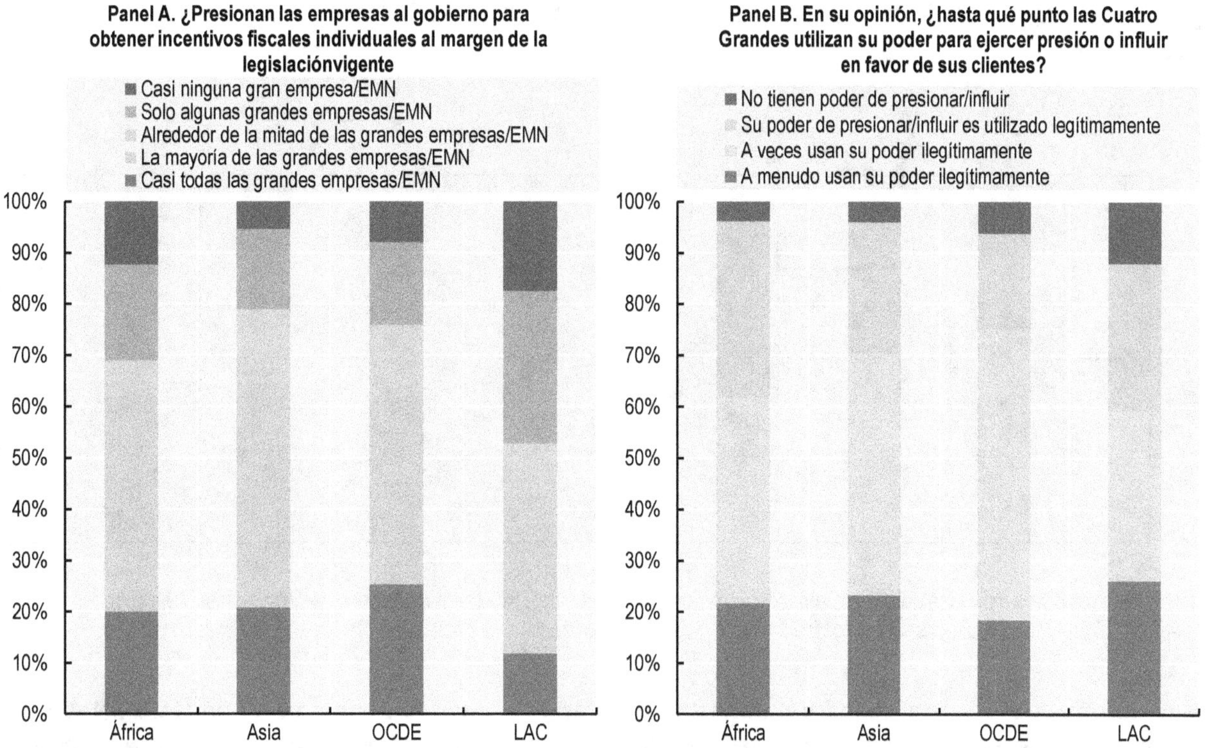

Panel A. ¿Presionan las empresas al gobierno para obtener incentivos fiscales individuales al margen de la legislación vigente

- Casi ninguna gran empresa/EMN
- Solo algunas grandes empresas/EMN
- Alrededor de la mitad de las grandes empresas/EMN
- La mayoría de las grandes empresas/EMN
- Casi todas las grandes empresas/EMN

Panel B. En su opinión, ¿hasta qué punto las Cuatro Grandes utilizan su poder para ejercer presión o influir en favor de sus clientes?

- No tienen poder de presionar/influir
- Su poder de presionar/influir es utilizado legítimamente
- A veces usan su poder ilegítimamente
- A menudo usan su poder ilegítimamente

Nota: Media regional simple. Los países están ponderados para que ningún país represente más del 10% de su muestra regional.
Fuente: OCDE (2020), Encuesta sobre el comportamiento fiscal de las empresas multinacionales y las Cuatro Grandes consultoras.

Fuera de la OCDE, los incentivos fiscales a la inversión están mucho más extendidos y es más probable que se considere que no se utilizan como previsto en la legislación. El 41% de los funcionarios tributarios de los países de la OCDE respondieron que no se ofrecían incentivos fiscales o se ofrecían solo en pequeña medida, en comparación con aproximadamente un 10% en Asia y LAC, y solo un 3% en África (Gráfico 2.14). La mayor parte de esta diferencia se debe a los incentivos a sectores específicos: sólo un 10% de los funcionarios de países de la OCDE contestaron que los incentivos fiscales se ofrecían únicamente a sectores específicos, en comparación con aproximadamente un 36% en África y Asia, y un 47% en LAC. Esta mayor utilización de los incentivos a sectores específicos, que pueden crear incertidumbre en cuanto a la posibilidad de disfrutar del incentivo, puede explicar en parte por qué se considera que, fuera de la OCDE, las empresas son más propensas a usar los incentivos de un modo no previsto por la legislación. Mientras que el 70% de los funcionarios de los países de la OCDE dicen que la mayoría o todas las empresas utilizan los incentivos según lo previsto, este porcentaje se reduce al 59% en Asia, al 51% en África y al 48% en LAC.

Pese al uso generalizado de los incentivos fiscales fuera de la OCDE, únicamente en LAC las EMN señalan que los incentivos fiscales son uno de los factores tributarios que más influyen en la localización de las inversiones. En LAC los incentivos fiscales ocuparon el tercer lugar entre las 12 cuestiones que más afectan a la inversión en LAC, frente al séptimo puesto en Asia y el octavo en África y la OCDE. La introducción del impuesto mínimo mundial acordado en el Marco Inclusivo como segundo pilar de la solución para abordar los retos fiscales de la digitalización de la economía probablemente modificará las percepciones sobre el valor de los incentivos fiscales y debería contribuir a promover la reforma de los mismos. Durante las mesas redondas se señaló la importancia de que las reformas aumenten la transparencia de los incentivos fiscales y la rendición de cuentas por los mismos, con el fin de reducir las posibilidades de comportamientos ilegítimos y mejorar su detección.

Gráfico 2.14. ¿Con qué frecuencia se ofrecen incentivos fiscales a las grandes empresas/EMN?

¿En qué medida su país ofrece incentivos fiscales a las grandes empresas/EMN como una herramienta para atraer inversiones?

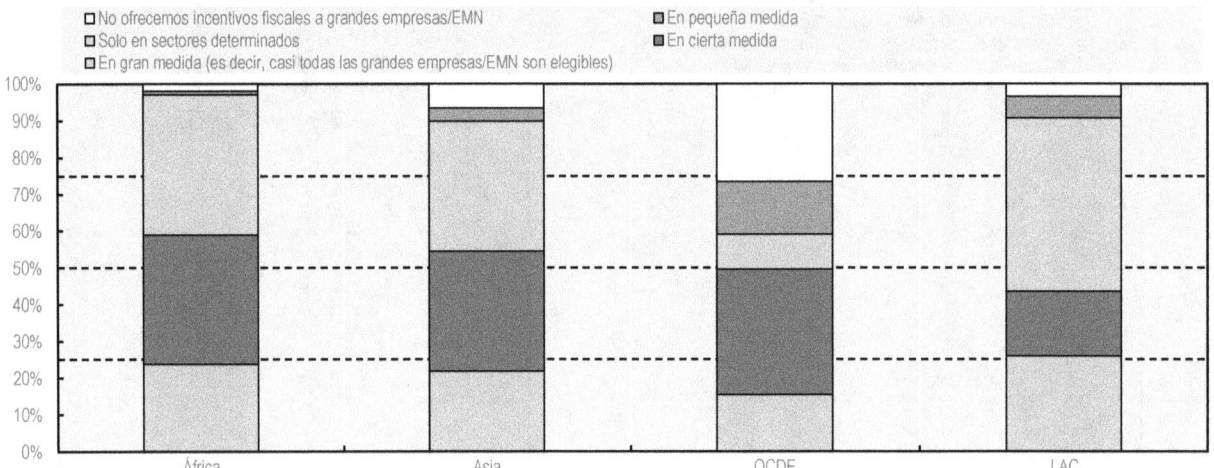

Nota: Media regional simple. Los países están ponderados para que ningún país represente más del 10% de su muestra regional.
Fuente: OCDE (2020), Encuesta sobre el comportamiento fiscal de las empresas multinacionales y las Cuatro Grandes consultoras.

Más de una cuarta parte de los funcionarios tributarios africanos consideran que las EMN y/o las Cuatro Grandes contratan a funcionarios de la Administración Tributaria para influir directamente en las controversias fiscales pendientes. En África, el 28% de los funcionarios tributarios perciben este comportamiento, un porcentaje sustancialmente mayor que en otras regiones (19% en LAC, 15% en Asia, 12% en la OCDE) (Gráfico 2.15), lo que apunta a que en África especialmente se requieren nuevas políticas y procesos, tanto de los gobiernos como de las EMN/Cuatro Grandes, para reducir estas prácticas. Tales políticas y procedimientos también podrían tener por objeto garantizar que las redes y los contactos no sean utilizados de manera ilegítima, ya que en todas las regiones el acceso a las redes y los contactos de los funcionarios públicos se consideró una motivación importante para la contratación de los funcionarios de la Administración Tributaria. Si bien el uso de tales redes puede ser legítimo, es necesario establecer salvaguardias para garantizar que no se produzca ninguna irregularidad.

Gráfico 2.15. Razones por las que las EMN y/o las Cuatro Grandes contratan a funcionarios públicos

¿Cuáles son las razones principales por las que las EMN y/o las Cuatro Grandes buscan contratar funcionarios públicos de la Administración Tributaria?

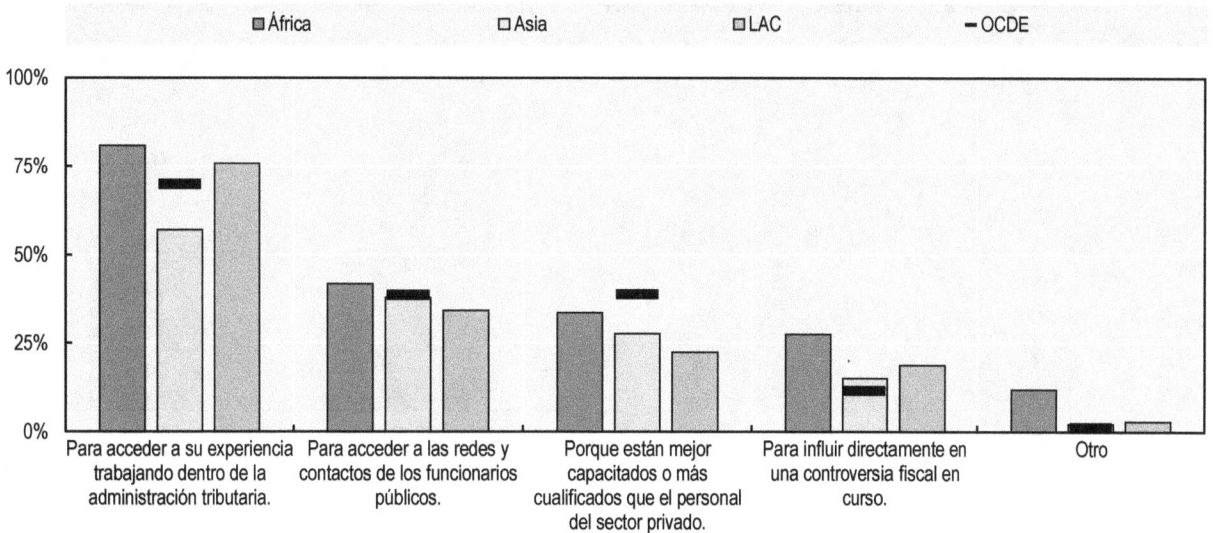

Nota: Media regional simple. Los países están ponderados para que ningún país represente más del 10% de su muestra regional.
Fuente: OCDE (2020), Encuesta sobre el comportamiento fiscal de las empresas multinacionales y las Cuatro Grandes consultoras.

2.6.1. Cohecho

Una política de tolerancia cero hacia el cohecho, junto con una cultura común de integridad son esenciales para garantizar la aplicación equitativa del sistema tributario. El grado de interacción requerido entre inspectores y empresas y la compleja aplicación de las leyes fiscales en la práctica (que a menudo entraña un elemento discrecional y de interpretación) implican que la actividad de la Administración Tributaria sea un sector de alto riesgo para intentos de cohecho y corrupción. La encuesta cuantificó la percepción del cohecho y la corrupción solicitando a los funcionarios tributarios que indicaran en qué medida estaban de acuerdo con la afirmación "Las grandes empresas/EMN generalmente no intentan sobornar a los funcionarios tributarios para obtener resultados beneficiosos".

Un pequeño, pero preocupante, porcentaje de los encuestados considera que los intentos de cohecho son habituales. Los datos de la pregunta relativa al cohecho han de interpretarse con cierta prudencia, pues el número de encuestados que no contestaron o afirmaron que no sabían varía mucho entre las distintas regiones (desde un 34% en Asia a un 55% en LAC), lo que dificulta las comparaciones regionales. Entre los que respondieron, un pequeño, pero preocupante, porcentaje consideró que los intentos de cohecho son habituales. El 15% de los funcionarios en Asia, el 20% de los funcionarios en LAC y el 16% de los funcionarios en África consideran que la mitad o más de las EMN/grandes empresas intentan el cohecho con funcionarios tributarios. Este porcentaje desciende al 10% en los países de la OCDE (Gráfico 2.16). Los países de la OCDE también tienen el porcentaje más alto (81%) de cualquier región de funcionarios que consideran que casi ninguna empresa intenta el cohecho. A pesar de sus limitaciones, los datos sugieren que algunas grandes empresas/EMN intentan el cohecho. Esto suscita cierta preocupación en todas las regiones –incluida la OCDE– en un área en la que se requiere una tolerancia cero.

Gráfico 2.16. Percepción del cohecho por las grandes empresas/EMN

Las grandes empresas/EMN generalmente no intentan sobornar a los funcionarios tributarios para obtener resultados beneficiosos.

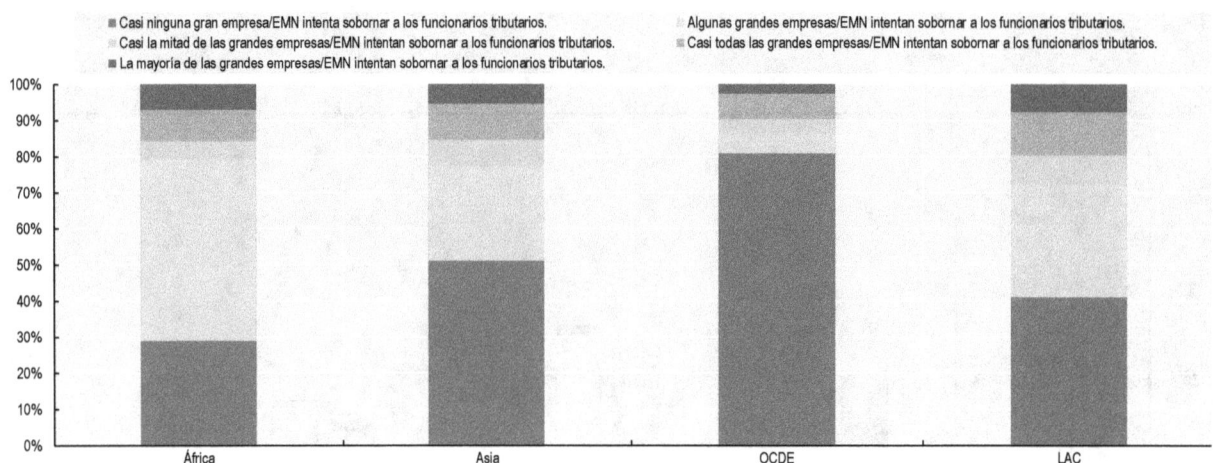

Nota: Media regional simple. Los países están ponderados para que ningún país represente más del 10% de su muestra regional. No se incluyeron los encuestados que respondieron "No sé". En África representaron el 49%, en Asia el 34%, en LAC el 55% y en la OCDE el 49%.
Fuente: OCDE (2020), Encuesta sobre el comportamiento fiscal de las empresas multinacionales y las Cuatro Grandes consultoras.

Las EMN también identifican la corrupción como un reto importante, aunque la corrupción en la Administración Tributaria preocupa menos que la corrupción en la economía en general. Si bien en todas las regiones se menciona la corrupción como un factor clave para las decisiones de inversión, únicamente en LAC y Asia se señala como el más importante. En los países de la OCDE, la corrupción se clasificó como el segundo factor más importante que afecta a las opciones de inversión, mientras que fue el tercer factor de preocupación para las empresas multinacionales en África. Al preguntar específicamente por los factores relacionados los impuestos que influyen en sus decisiones, la corrupción en el sistema tributario parece revestir menos importancia: las EMN que operan en LAC situaron a esta corrupción en el sexto puesto de entre 21 causas de incertidumbre fiscal, por encima de Asia (puesto 13), África (puesto 14) y los países de la OCDE (puesto 20). Por consiguiente, las EMN estiman que la corrupción constituye un reto mayor en la región LAC, mientras que los funcionarios tributarios parecen considerar que el cohecho es un problema mayor en Asia, aunque ello puede deberse en parte a que los funcionarios de Asia están más dispuestos a revelar su percepción sobre el cohecho.

Los participantes en las mesas redondas reiteraron la necesidad de tener una tolerancia cero frente al cohecho y de adoptar medidas concretas para reducir las posibilidades de corrupción tanto desde el lado de la oferta como del lado de la demanda. En las mesas redondas se subrayaron los beneficios de la digitalización para reducir el alcance del cohecho, así como la necesidad de un control eficaz. Asimismo, se consideró que la falta de comités de auditoría y riesgos, y el hecho de que los países no dispongan de procesos de resolución de controversias por niveles, generan posibilidades de cohecho, en especial entre los inspectores. En los debates de las mesas redondas, se reconocieron las tensiones existentes entre la facilitación de un mayor número de interacciones y de carácter más informal entre los contribuyentes y las administraciones tributarias, y, por otra parte, el aumento de las oportunidades de cohecho o comportamientos ilegítimos que ello podría generar. Se expusieron varios sistemas para reducir los riesgos, en particular la rotación periódica del personal (garantizando al mismo tiempo la continuidad y la certeza para los contribuyentes), el requisito de que varios miembros del personal estén presentes en todas las reuniones o el mantenimiento de registros de las interacciones con los contribuyentes. Las administraciones también destacaron la importancia de promover una cultura de integridad pública.

Las mesas redondas también subrayaron el impacto que las percepciones de corrupción pueden tener en la moral tributaria. Uno de los intervinientes recalcó el amplio conjunto de datos empíricos que demuestran que las percepciones de la corrupción son un factor clave que incide en la moral tributaria, lo cual pone de relieve la importancia de abordar esta cuestión. Según las investigaciones realizadas, una baja percepción de la corrupción en los diferentes niveles del poder ejecutivo (oficina del presidente, funcionarios públicos o autoridades fiscales) tiene un impacto significativo y positivo en los impuestos (Boly, Konte and Shimeles, 2020[4]). Asimismo, la lucha contra la corrupción (o su erradicación total) repercute significativamente y reduce el porcentaje de ingresos que son objeto de evasión fiscal, lo que apunta a que la lucha contra la corrupción produce efectos indirectos en moral tributaria (Banerjee, Roly and Gillanders, 2020[5]) . Esto coincide con las conclusiones del informe de la OCDE sobre moral tributaria de 2019 (OECD, 2019[6]).

2.7. Contratación de personal

Si bien por término medio el movimiento de personal entre la administración tributaria y el sector privado es relativamente limitado, en algunos casos puede llegar a ser muy alto. El 75% o más de las administraciones tributarias de todas las regiones afirma que el 20% o menos del personal se ha ido al sector privado en los últimos cinco años (Gráfico 2.17) y en todas las regiones casi el 90% afirma que menos del 20% del personal se ha ido a los Cuatro Grandes en el mismo período. No obstante, algunos funcionarios declaran un nivel extremadamente elevado de trasvase de funcionarios al sector privado y es especialmente preocupante que en África, la región con el nivel de capacidad más bajo, un 2% de los funcionarios afirmen que más del 60% del personal ha pasado al sector privado en los últimos cinco años, un porcentaje superior al de cualquier otra región. En lo que respecta a la contratación de personal procedente del sector privado, parece que las administraciones tributarias de LAC son las que más propensión muestran a seleccionar personal del sector privado, con un 26% de los funcionarios que afirman que un 20% o más del personal fue contratado en el sector privado en los últimos cinco años, más de 10 puntos porcentuales por encima de cualquier otra región.

Gráfico 2.17. ¿Con qué frecuencia los funcionarios públicos van a trabajar al sector privado y viceversa?

En los últimos 5 años en su equipo, ¿qué porcentaje del personal se ha ido al sector privado y qué porcentaje ha sido reclutado del sector privado?

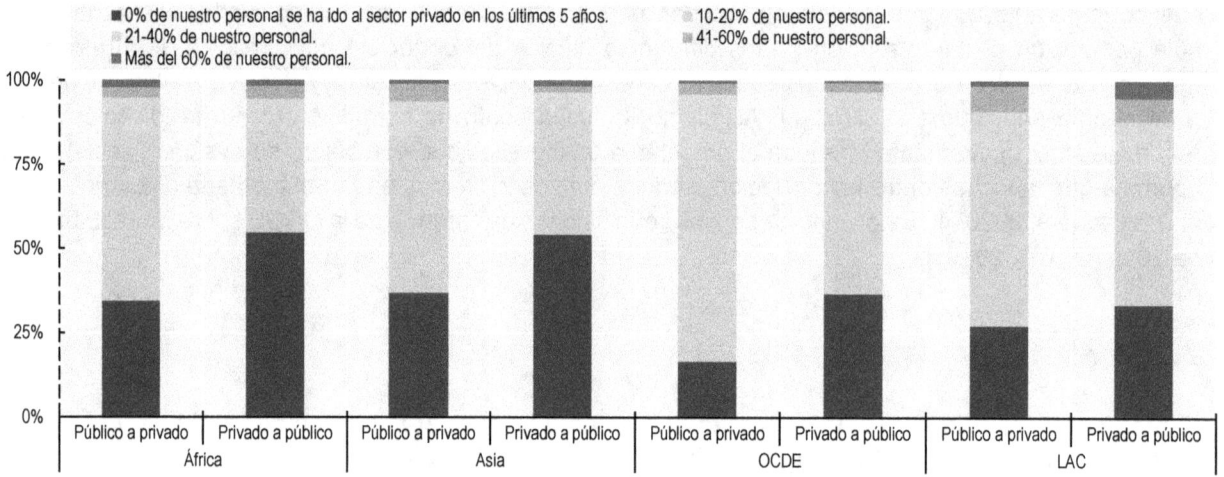

Nota: Media regional simple. Los países están ponderados para que ningún país represente más del 10% de su muestra regional. La indicación "público a privado" se refiere al porcentaje de personal que se ha ido al sector privado. La indicación "privado a público" se refiere al porcentaje de personal contratado del sector privado.
Fuente: OCDE (2020), Encuesta sobre el comportamiento fiscal de las empresas multinacionales y las Cuatro Grandes consultoras.

Se considera que el sector privado contrata principalmente al personal de la administración tributaria por su experiencia. No es sorprendente que los funcionarios de las administraciones tributarias sean contratados por su experiencia laboral en la administración, aunque es reseñable que mientras que un 70% de los funcionarios de los países de África, de la OCDE y de LAC citan este factor, únicamente un 57% de los funcionarios asiáticos lo mencionan. Un porcentaje muy inferior cree que dicha contratación se debe a que el personal de la administración tributaria está mejor formado y/o cualificado que el personal del sector privado (véase Gráfico 2.15). Esta opinión es más común entre los funcionarios tributarios de los países de la OCDE, lo que sugiere que la diferencia de capacitación entre los sectores público y privado puede ser mayor fuera de la OCDE. Reducir el valor de la experiencia laboral en la administración tributaria puede contribuir a contener el trasvase de funcionarios hacia el sector privado en los países en que ello constituye un problema. El aumento de la transparencia del funcionamiento de la administración tributaria puede ayudar a este respecto.

La falta de personal experimentado en la administración tributaria es una preocupación importante para las EMN, lo que sugiere un interés compartido en garantizar que las administraciones tributarias puedan retener al personal. Las EMN indicaron que en la administración tributaria la falta de experiencia en materia de fiscalidad internacional es una de las principales causas de incertidumbre fiscal (la sexta entre 21 causas en África, la novena en Asia, la décima en LAC y la decimotercera en los países de la OCDE), subrayando que retener al personal experimentado es una prioridad común para las administraciones tributarias y el sector privado. Aunque este problema no se debe únicamente al trasvase de funcionarios hacia el sector privado –por ejemplo, en muchas administraciones el personal rota habitualmente de puesto–, puede ser un factor coadyuvante. Este interés compartido entre el sector público y el sector privado puede facilitar el desarrollo de procesos y procedimientos para regular el movimiento de personal entre los dos sectores. Dicho movimiento no debe detenerse por completo, pues permitir el flujo de capacidades y experiencia en ambos sentidos presenta ventajas tanto para el sector público como para el sector privado. Sin embargo, puede ser beneficioso establecer reglas claras y límites para regular este movimiento, especialmente cuando los trasvases son muy elevados y/o existen problemas de comportamientos ilegítimos (véase Uso del poder e incentivos).

2.8. Comparación con las empresas locales

En la encuesta se preguntó por las percepciones sobre el comportamiento de las EMN y las Cuatro Grandes en relación con el de las empresas locales. Para contextualizar mejor los resultados e identificar los riesgos que las diferencias entre el comportamiento percibido de las empresas locales y extranjeras puedan plantear sesgando los resultados, en la encuesta se preguntó a los funcionarios su percepción de las empresas locales en comparación con las EMN y de las consultoras locales en comparación con las Cuatro Grandes. Estos resultados no se debatieron en detalle en las mesas redondas, y no existen datos relevantes de la encuesta de certeza fiscal de las EMN que ofrezcan un contexto adicional.

En todas las regiones, la opinión más común es que el cumplimiento es similar entre las empresas locales y las EMN. Cuando se percibe una diferencia, los funcionarios consideraron por lo general que las EMN son más cumplidoras que las empresas locales. En África y Asia, casi el 50% de los funcionarios consideran que el cumplimiento es igual entre las empresas locales y las EMN, siendo esta cifra ligeramente inferior en LAC y más baja en la OCDE. Los funcionarios de los países de la OCDE son más proclives a considerar que las empresas locales son menos cumplidoras que las EMN, expresando esta opinión el 40%, aunque todas las regiones se sitúan en una horquilla del 30-40%. Los funcionarios que consideran que las empresas locales son más cumplidoras se sitúan también en una horquilla bastante estrecha, que oscila entre un 13% en Asia y un 24% en LAC (Gráfico 2.18).

A la luz de estos resultados, cabe deducir que la mejora de la moral tributaria es al menos igual de importante en las empresas nacionales. Dado que es más probable que las EMN sean consideradas cumplidoras pueden desempeñar un papel de liderazgo en el fomento del cumplimiento, incluso en sus cadenas de valor.

Gráfico 2.18. ¿Son las empresas locales más cumplidoras que las grandes empresas/EMN?

En cuanto a su comportamiento tributario, ¿cree que las empresas locales, en comparación con las EMN son...

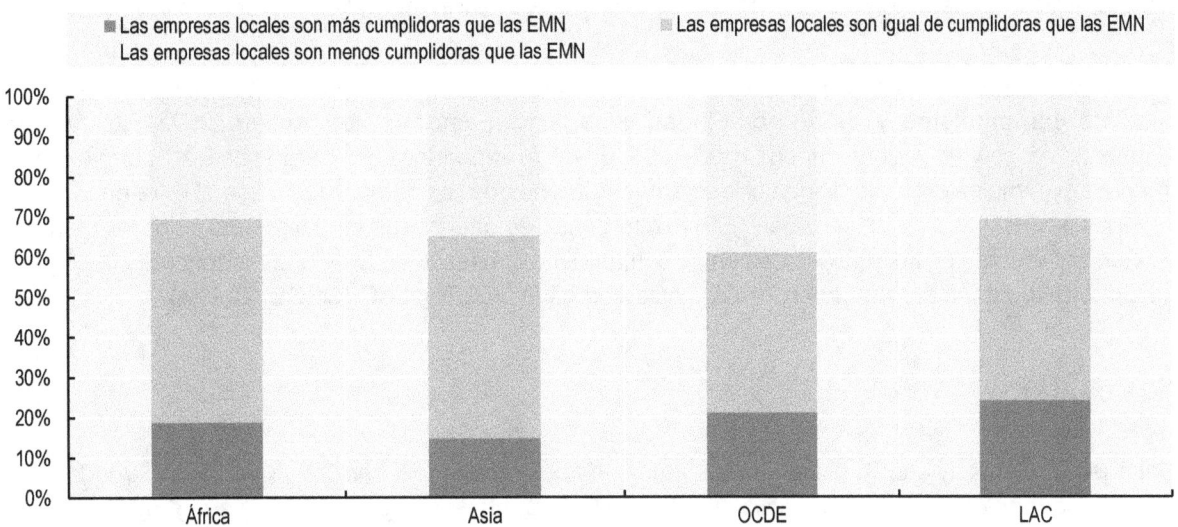

Nota: Media regional simple. Los países están ponderados para que ningún país represente más del 10% de su muestra regional.
Fuente: OCDE (2020), Encuesta sobre el comportamiento fiscal de las empresas multinacionales y las Cuatro Grandes consultoras.

En todas las regiones, los funcionarios perciben con gran frecuencia que las Cuatro Grandes prestan a sus clientes un asesoramiento fiscal más agresivo que los asesores locales. En África, Asia y la OCDE, el 42-45% de los funcionarios consideran que el asesoramiento de las Cuatro Grandes a sus clientes es más agresivo que el ofrecido por las firmas locales, porcentaje que aumenta a casi el 60% en LAC. El porcentaje de funcionarios que consideran que las Cuatro Grandes prestan a sus clientes un asesoramiento menos agresivo alcanza el máximo en Asia, con un 24%, y el mínimo en LAC con un 12% (Gráfico 2.19, Panel A).

Gráfico 2.19. Influencia de las Cuatro Grandes en el comportamiento fiscal de sus clientes

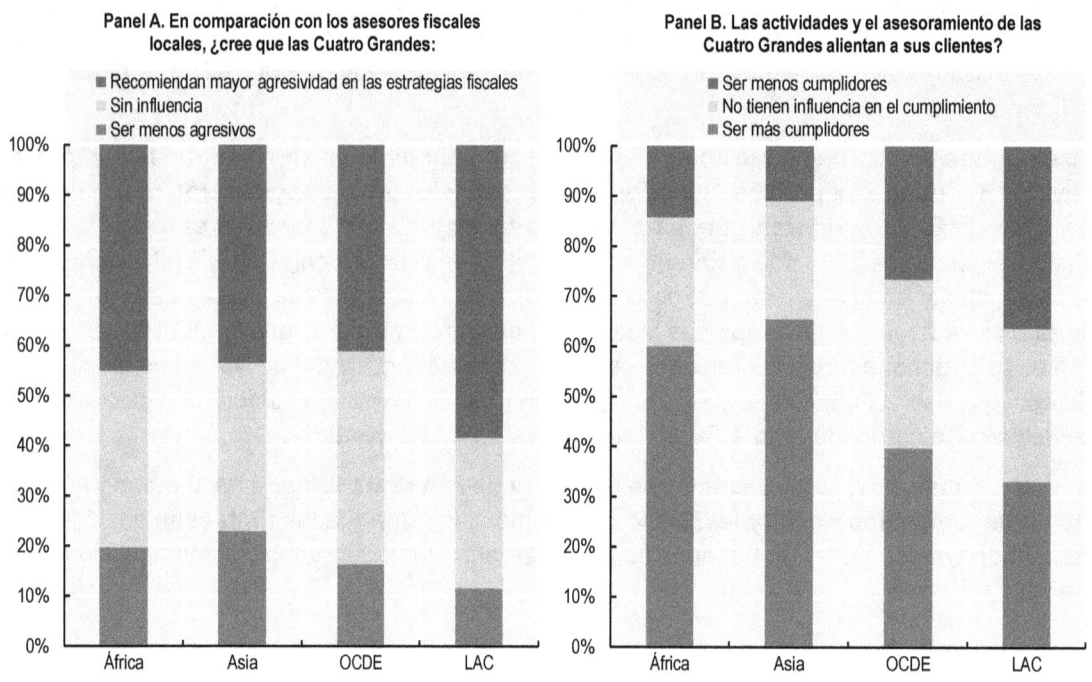

Nota: Media regional simple. Los países están ponderados para que ningún país represente más del 10% de su muestra regional.
Fuente: OCDE (2020), Encuesta sobre el comportamiento fiscal de las empresas multinacionales y las Cuatro Granes consultoras.

Se considera que las Cuatro Grandes son más proclives a recomendar a sus clientes un mayor grado de cumplimiento y de disponibilidad a pagar impuestos, excepto en LAC. Esto fue más evidente en África y Asia, donde alrededor del 60% de los funcionarios consideran que las Cuatro Grandes fomentan el cumplimiento y la disponibilidad a pagar impuestos (en comparación con el 40% en la OCDE y el 33% en LAC) (Gráfico 2.19, Panel B). Esta diferencia regional puede ser, al menos en parte, un reflejo de la moral tributaria de las poblaciones en su conjunto, ya que las investigaciones anteriores concluyeron que la moral tributaria era menor en África y Asia que en la OCDE y LAC (OECD, 2019[6]).

Referencias

Banerjee, R., A. Roly and R. Gillanders (2020), *Anti-tax evasion, anti-corruption and public good provision: an experimental analysis of policy spillovers*, https://doi.org/10.2139/ssrn.3652411. [5]

Boly, A., M. Konte and A. Shimeles (2020), *Corruption and Tax Morale in Africa, Working Paper Series N° 333*, African Development Bank, https://www.afdb.org/fr/documents/working-paper-333-corruption-and-tax-morale-africa. [4]

Bruhne, A. (2022), *Defining and Managing Corporate Tax Risk: Perceptions of Tax Risk Experts*, https://doi.org/10.1111/1911-3846.12785. [2]

OECD (2021), *Developing Countries and the OECD/G20 Inclusive Framework om BEPS: OECD Report for the G20 Finance Ministers and Central Bank Governors, October 2021, Italy*, OECD, https://www.oecd.org/tax/beps/developing-countries-and-the-oecd-g20-inclusive-framework-on-beps.htm. [1]

OECD (2019), *Tax Morale: What Drives People and Businesses to Pay Tax?*, OECD Publishing, Paris, https://doi.org/10.1787/f3d8ea10-en. [6]

Quentin (2017), "Risk-Mining the public Exchequer", *Journal of Tax Administration*, Vol. 3/2, pp. 22-35, http://jota.website/index.php/JoTA/article/view/142/118. [3]

3 Fortalecer la confianza, mejorar la transparencia y la comunicación

Este capítulo recoge una serie de acciones que contribuyen al fortalecimiento de la confianza y la mejora de la transparencia y la comunicación entre las administraciones tributarias y los contribuyentes. Esas acciones comprenden tanto buenas prácticas existentes como nuevas ideas aportadas por los participantes en las mesas redondas.

Los resultados de la encuesta indican con claridad que existe margen de mejora para fortalecer la confianza, al tiempo que los debates mantenidos en las mesas redondas demostraron que muchos están dispuestos, tanto dentro de las administraciones tributarias como en las empresas, a esforzarse por mejorar las relaciones y la confianza entre los grandes contribuyentes/asesores y las administraciones tributarias.

Gran parte de los debates mantenidos en las mesas redondas giraron en torno a la confianza, que fue identificada como elemento integrante de otras cuestiones como la mejora de la transparencia y la comunicación. En este sentido, la confianza debe entenderse como confianza en los procesos y en que todas las partes actúan de buena fe. La fiscalidad es una materia compleja y pueden surgir discrepancias, especialmente en cuestiones de fiscalidad internacional. Aunque una mejora de las relaciones entre los contribuyentes y las administraciones permitirá reducir las controversias, no las eliminará totalmente. No obstante, la mejora de la confianza facilitará la resolución de las controversias, con la aceptación por todas las partes de la validez de posturas encontradas y (fundamentalmente) los resultados de un proceso de resolución, sin que se vea afectada la voluntad de mantener una relación positiva.

El fortalecimiento de la confianza no es un proceso rápido ni simple, no existe una solución única y la confianza no puede depender solamente de una de las partes, exige la adopción de medidas y la asunción de compromisos tanto por parte de los contribuyentes como de las administraciones tributarias. Por lo tanto, aunque el objetivo general consiste en mejorar la moral tributaria de los contribuyentes, es necesario centrarse en medidas que puedan ser adoptadas por todas las partes, al ser varios los factores que pueden afectar a dicha moral tributaria. El creciente interés de los inversionistas, los medios de comunicación, las organizaciones de la sociedad civil y el público en general en los asuntos fiscales de grandes empresas muestra la existencia de una serie de actores adicionales que pueden tener influencia. Sin embargo, las medidas específicas que pueden tomar estos actores quedan fuera del ámbito del presente informe.

Esta sección destaca algunas de las mejores prácticas y recomendaciones procedentes de las mesas redondas regionales, así como ciertos ámbitos en los que se deberá trabajar en el futuro. Han sido agrupadas en cuatro categorías que, si bien no se excluyen totalmente entre sí (por ejemplo, existe/puede existir un elemento de fortalecimiento de capacidades en todas las categorías), permiten explicar las distintas dimensiones que deben ser tenidas en cuenta a la hora de fortalecer la confianza entre administraciones tributarias y empresas. Estas categorías son:

- Estrategias de inspección y cumplimiento.
- Expectativas y rendición de cuentas en relación con el comportamiento.
- Transparencia y comunicación.
- Fortalecimiento de capacidades.

Las medidas descritas en este capítulo van desde las que, esperemos, sean relativamente fáciles de poner en práctica, hasta reformas más integrales para cuya aplicación puede ser necesaria la inversión de recursos significativos. Sobre todo cuando los recursos, tanto humanos como financieros, son limitados, tal como sucede en muchas administraciones tributarias y empresas, conseguir el acuerdo para invertir el tiempo y los recursos puede ser un reto. La rentabilidad potencial de la inversión en estas medidas es significativa, aunque el problema puede residir en que algunas de las inversiones necesarias podrían no resultar familiares, ya que se centran más en competencias profesionales que pueden fortalecer la confianza y el entendimiento mutuo que en procedimientos y conocimientos técnicos.

Aunque las administraciones tributarias pueden necesitar al principio una mayor dedicación de recursos, a medio y largo plazo deben experimentar un ahorro. Con el tiempo, la mejora de la confianza, la comunicación y la transparencia con los contribuyentes debe generar ahorro. Esa mejora de las relaciones permitirá priorizar mejor los recursos, sobre todo mediante una mejor orientación de las inspecciones, que reducirá tanto el tiempo de tramitación de los procedimientos como las controversias.

Desde la perspectiva empresarial, el potencial aumento de la certeza fiscal supone un beneficio evidente. Además, debido a que la fiscalidad es una preocupación cada vez mayor para los accionistas, especialmente cuando se aplican los criterios de ASG, cada vez más EMN deberían tener argumentos adicionales a favor de inversiones en medidas que aumenten la confianza, la comunicación y la transparencia.

Es posible que el mayor obstáculo para comprometerse a adoptar estrategias dirigidas a fortalecer la confianza, mejorar la comunicación y aumentar la transparencia es la incertidumbre relativa a si esos esfuerzos se verán correspondidos. Habida cuenta de los beneficios que obtienen tanto los contribuyentes como las administraciones tributarias, existen buenas razones para la reciprocidad, aunque a veces los cambios pueden llevar su tiempo. Así pues, el cambio de estrategia no debe verse como un proyecto a corto plazo, y aunque es posible que se experimenten cambios rápidamente, no deben esperarse resultados inmediatos. Además, es probable que ofrecer información clara sobre los cambios y las expectativas que estos conllevan facilite que surjan respuestas recíprocas. Al mismo tiempo, si se solicitan y tienen en cuenta las opiniones, el proceso se verá agilizado. Por lo tanto, será útil desarrollar una estrategia clara sobre cómo fortalecer la confianza que cuente con un compromiso por parte de los altos funcionarios. Esta medida puede ser tan exhaustiva como una estrategia de cumplimiento cooperativo, pero posibilita un comienzo más modesto.

3.1. Estrategias de inspección y cumplimiento

Es importante generar un ambiente propicio para las conductas proclives al cumplimiento. Aunque las estrategias adecuadas pueden fortalecer la confianza, si se encuentran mal diseñadas y/o ejecutadas pueden inhibirla, reduciendo la voluntad de colaborar de forma abierta. En las mesas redondas se identificaron una serie de enfoques estratégicos dirigidos a la obtención de estrategias más adecuadas que faciliten un fortalecimiento de la confianza y fomenten el diálogo.

3.1.1. Cumplimiento cooperativo

Por cumplimiento cooperativo se entiende los enfoques concebidos con el fin de ofrecer un marco para establecer relaciones con los contribuyentes basadas en la cooperación y la confianza, distinguiendo este enfoque de las relaciones coercitivas o basadas en la obligación (OECD, 2016[1]). Este concepto no se limita a describir el proceso de cooperación, pues al mismo tiempo evidencia que su objetivo forma parte de la estrategia de gestión del riesgo de cumplimiento del organismo recaudador: el cumplimiento que conduce al pago de la cuantía exacta en concepto de impuestos en el momento adecuado. En las relaciones con los contribuyentes, el cumplimiento cooperativo se traduce en que los organismos recaudadores hagan gala de una comprensión basada en el conocimiento de las tendencias del mercado, la imparcialidad, la proporcionalidad, la apertura a través de la comunicación y la transparencia, así como la capacidad de respuesta. A cambio, los contribuyentes aportan información y transparencia en las relaciones con los organismos recaudadores.

En todas las mesas redondas se manifestó que el cumplimiento cooperativo es el método más conveniente, especialmente para las empresas. En algunos casos se mencionó que el cumplimiento cooperativo facilita una mejor relación entre el contribuyente y la administración tributaria. No obstante, en los debates se puso de manifiesto que el cumplimiento cooperativo podría verse más bien como una meta y no como el punto de partida, pues debe generarse un cierto grado de confianza para poder aplicar un marco de cumplimiento cooperativo integral. Esto puede servir para explicar por qué, de entre todas las herramientas para mejorar la certeza tributaria, la de establecer programas de cumplimiento cooperativo es una de las menos valoradas por las EMN (ocupa el puesto 19º a 21º de 25 posibles medidas en todas las regiones).

El cumplimiento cooperativo puede ser un esfuerzo que requiera recursos considerables, si bien, a largo plazo, debería ser más eficiente en términos de recursos. Por ello, los países en desarrollo con capacidad limitada pueden encontrar dificultades a la hora de ponerlo en práctica, al menos de manera integral (por ejemplo, puede resultar complicado, con arreglo a las capacidades existentes, gestionar el intercambio de información en tiempo real que entraña el cumplimiento cooperativo). Además, cuando en la actualidad existe una limitación de la confianza es posible que no pueda pasarse directamente al cumplimiento cooperativo, aun existiendo recursos suficientes, pues aunque el cumplimiento cooperativo puede fortalecer la confianza, su éxito depende a la vez de que exista un cierto nivel de confianza previo. Por tanto, se propuso determinar cómo podría alcanzarse un cumplimiento cooperativo "ligero", centrándose en identificar los puntos de partida esenciales para que los países y las empresas vayan avanzando hacia el cumplimiento cooperativo.

La consolidación de un sistema de cumplimiento cooperativo eficaz exige el compromiso y la colaboración del contribuyente y de las administraciones tributarias. Sin el compromiso de los contribuyentes y de las administraciones tributarias la estrategia de cumplimiento cooperativo no puede funcionar. Por ejemplo, si los contribuyentes no se comprometen a aplicar los Marcos de Control Fiscal (MCF) (véase más adelante el apartado relativo a los Marcos de Control Fiscal), existe el riesgo de que las administraciones tributarias realicen una fuerte inversión para mejorar los servicios a los contribuyentes sin recibir a cambio el grado de información y cooperación de los contribuyentes que justificaría dicha inversión.

Muchos países en desarrollo parecen estar comenzando a aplicar ya el enfoque del cumplimiento cooperativo. 53 de los 101 países en desarrollo participantes en la encuesta ISORA[1] afirmaron que los grandes contribuyentes pueden acogerse a programas de cumplimiento cooperativo en dichos países (véase el Recuadro 3.1 para consultar algunos ejemplos de Latinoamérica). A pesar de ello, pueden existir discrepancias a la hora de interpretar qué implica un programa de cumplimiento cooperativo, y los estudios demuestran que existen diferencias significativas con respecto a los requisitos y procesos aplicables en los países que han respondido en la encuesta ISORA que sí disponen de sistemas de cumplimiento cooperativo (véase (Martini, 2022[2])). El enfoque para implantar el cumplimiento cooperativo puede variar según el país, en gran medida por diferencias jurídicas y estructurales, y esa enorme variedad de enfoques calificados como cumplimiento cooperativo puede amenazar con confundir tanto a los contribuyentes como a las administraciones tributarias. El Centro de Política Tributaria Global de la Universidad de Viena, en colaboración con la Cámara de Comercio Internacional y la Asociación de Administradores Tributarios de la Commonwealth, ha elaborado recientemente un manual sobre cumplimiento cooperativo que trata de identificar y explicar los aspectos esenciales para el funcionamiento de los programas de cumplimiento cooperativo (Owens, 2021[3]). Asimismo, algunas de las mejores prácticas identificadas en las mesas redondas y resumidas en este informe podrían ser elementos de un marco de cumplimiento cooperativo.

Recuadro 3.1. Cumplimiento cooperativo en Latinoamérica

De acuerdo con datos de la encuesta ISORA, un tercio de los países de Latinoamérica y el Caribe (LAC) afirma que los grandes contribuyentes pueden acogerse en ellos al cumplimiento cooperativo. Dos de los países que aportaron ejemplos en la mesa redonda de LAC fueron Chile y Colombia.

Chile

La estrategia de cumplimiento cooperativo del Servicio de Impuestos Internos (SII) de Chile promueve el cumplimiento cooperativo mediante dos herramientas principales:

1. Acuerdos de Colaboración para el Cumplimiento Tributario (ACCT), que actualmente se encuentran en fase experimental. Las EMN participantes se aprovechan de las posibilidades de debatir y regularizar cualquier discrepancia con la administración tributaria antes de que se abra contra ellos un proceso de inspección, o antes de que se les impongan multas o sanciones. Cuando se detectan incongruencias en los procesos de comprobación y verificación de la información, se abre una primera fase de análisis y diálogo con el contribuyente. El objetivo es corregir cualquier discrepancia con el grupo económico, y solo cuando esto no sea posible, se pasa a la fase de inspección.

Las EMN que deseen celebrar estos acuerdos deben contar con una estructura de gobernanza fiscal corporativa sólida y un marco de control fiscal interno para garantizar que las declaraciones de impuestos e informativas presentadas ante la administración tributaria son completas y correctas. Estos Marcos de Control Fiscal (MCF) (véase infra) se consideran un elemento clave del cumplimiento cooperativo, y sirven para fortalecer la confianza.

2. Acuerdos de Colaboración (ACT) con asociaciones sectoriales o comerciales de contribuyentes de distintos tamaños (empresas grandes, medianas y pequeñas), cuyo fin es influir en tales asociaciones para fomentar el cumplimiento tributario entre sus socios. La administración tributaria desarrolla un Plan de Trabajo que contiene medidas preventivas y colaborativas con miras a reducir las deficiencias de cumplimiento tributario y mitigar los riesgos de los contribuyentes pertenecientes a la asociación. Los Planes de Trabajo incluyen medidas como:

- talleres sobre aspectos fiscales de interés para la asociación;
- visitas sobre el terreno y talleres por parte de las asociaciones para permitir que los funcionarios del SII puedan comprender el modelo de negocio e industrial representado por la asociación;
- unidades de asistencia especializada para resolver a distancia las dudas relativas a las declaraciones de impuestos;
- talleres con socios que presenten deficiencias de cumplimiento, a fin de aplicar soluciones colaborativas;
- ayuda presencial a los contribuyentes;
- grupos de trabajo entre la asociación y el SII; y
- elaboración de directrices y materiales de ayuda en temas de interés.

Asimismo, de manera periódica, el equipo del SII encargado de supervisar la ejecución del Acuerdo analiza con la asociación la situación de sus socios con respecto al cumplimiento tributario en cada una de las cuatro categorías de obligaciones tributarias (registro, comunicación de información, declaración y pago).

Este tipo de colaboración facilita a las asociaciones un canal directo con el SII para recibir asistencia y formación sobre cuestiones fiscales, resolver las consultas o dudas tributarias relativas a problemas habituales de sus socios, contar con informes personalizados que analicen las principales deficiencias que deben corregirse, detectar riesgos e incumplimientos y buscar soluciones colaborativas.

Desde 2017, Chile ha firmado 51 Acuerdos con asociaciones comerciales y ha establecido indicadores para evaluar de manera explícita y objetiva los resultados de este programa de cumplimiento (tales como el seguimiento del grado de realización de las actividades incluidas en los Planes de Trabajo, la realización de evaluaciones cualitativas y el análisis de la evolución de las deficiencias relativas al cumplimiento tributario de los socios). Estos indicadores demuestran, por término medio, que este tipo de contribuyentes presentan una evolución positiva y mayores índices de cumplimiento tributario que los contribuyentes no incluidos en un ACT.

Colombia

La Dirección de Impuestos y Aduanas Nacionales (DIAN) de Colombia promueve el cumplimiento cooperativo a través de varias iniciativas diferentes. Todas las iniciativas que se enumeran a continuación obedecen a tres principios fundamentales que garantizan que los programas de cumplimiento cooperativo sean justos, eficientes y transparentes: i) los programas se basan en un marco normativo que estipula las fases y procedimientos que regulan su aplicación, suprimiendo todo margen de discrecionalidad; ii) las sanciones tributarias se aplican de la misma manera que a todos los contribuyentes, con independencia de que participen o no en un programa de cumplimiento cooperativo; y iii) los programas contienen indicadores para llevar a cabo una evaluación explícita y objetiva de los resultados en materia de cumplimiento.

- Acuerdos sobre precios de transferencia (APA): Los APA son acuerdos entre el contribuyente y la administración tributaria que determinan la metodología sobre precios de transferencia que debe seguirse y ofrecen certeza acerca de la duración del acuerdo (siempre y cuando se respeten sus términos y condiciones).
- "Ejecutivos de Cuentas": los funcionarios de la administración tributaria que conocen los procesos de la DIAN prestan una atención personalizada a los grandes contribuyentes en relación con los servicios que ofrece la administración tributaria. La asistencia se presta a distancia, de ser posible, con el fin de eliminar obstáculos tales como la lejanía/ubicación o el horario de recepción de solicitudes. Prestan asistencia en procedimientos relacionados con cuestiones de fiscalidad nacional e internacional, aduanas y comercio exterior; ofrecen respuestas y seguimiento de solicitudes, quejas y reclamaciones; se relacionan con otros organismos o departamentos cuando es necesario; y emiten alertas y alertas rápidas para los contribuyentes.
- Comunicaciones personalizadas para informar de antemano a los contribuyentes sobre las fechas de vencimiento de sus obligaciones o de las incongruencias detectadas, a fin de que puedan regularizar su situación antes de tomar una decisión relativa a la adopción de nuevas medidas y evitar así futuros litigios.
- Mesas redondas con sindicatos o grupos de profesionales, en las que las autoridades tributarias explican las incongruencias más habituales que se detectan en las inspecciones fiscales. En estas mesas se busca un acercamiento entre la administración y los grandes contribuyentes, al poner de manifiesto que la administración tributaria ha constatado las prácticas de planificación fiscal más habituales detectadas durante la inspección de las declaraciones de impuestos presentadas.
- Consultas tributarias: los contribuyentes pueden solicitar a las autoridades tributarias que se pronuncien sobre la interpretación de cuestiones fiscales. Dicha interpretación es vinculante para los funcionarios encargados de esa entidad, lo que aporta certeza tributaria.

Fuente: Centro Interamericano de Administraciones Tributarias (CIAT).

3.1.2. Enfoques de inspección basada en riesgos

Tanto las empresas como las autoridades tributarias que participaron en las mesas redondas destacaron los beneficios de introducir y/o mejorar los enfoques de inspección basada en riesgos. Las ventajas para las administraciones tributarias incluyen una mejora en la eficiencia y eficacia de las inspecciones y un uso más eficaz de los recursos limitados, a la vez que permite que los contribuyentes de riesgo bajo reduzcan sus costes de cumplimiento.

Junto con las consecuencias directas, las estrategias de inspección basadas en riesgos también pueden presentar ventajas indirectas, influyendo en el enfoque de los contribuyentes con respecto al cumplimiento. Cuando se aplican enfoques basados en riesgos, las empresas son proclives a verse incentivadas a reducir las conductas de riesgo, así como a mejorar los procedimientos de control interno concebidos para reducir el riesgo (por el contrario, cuando no existen enfoques basados en riesgos, aumenta el apetito de riesgo tributario, sobre todo por la inexistencia de garantías de que la asunción de un riesgo tributario bajo aumente la certeza tributaria). En un estudio que analizaba a 15.514 empresas de 54 países, se detectó que el uso de inspecciones basadas en riesgos lleva asociado un nivel menor de elusión fiscal. Esta misma investigación detectó también que el empleo de inspecciones basadas en riesgos disminuía los costes de recaudación y mejoraba el rendimiento de las autoridades tributarias (Eberhartinger, 2021[4]).

Si bien los enfoques de inspección basados en riesgos pueden reducir los costes de recaudación a largo plazo, la implantación de tales enfoques puede aumentar las necesidades de recursos a corto plazo, creando dificultades para algunos países en desarrollo. Es posible utilizar herramientas cada vez más sofisticadas para analizar los datos necesarios para evaluar los riesgos, pero su diseño exige grandes recursos. Por ello, las administraciones tributarias tienen que incorporar un enfoque de análisis de riesgos cuya precisión y sofisticación se adapten a los recursos (tanto humanos como financieros) disponibles para hacer funcionar el sistema, teniendo en cuenta que la finalidad no es tanto la precisión absoluta, sino el objetivo de la propia inspección. Dicho enfoque requiere que se establezcan indicadores de riesgo fundamentales, que pueden ser de varios tipos (p.ej. indicadores que reflejen el riesgo tributario general de distintos grupos de contribuyentes, indicadores relativos al comportamiento anterior de los contribuyentes, indicadores relacionados con las desviaciones del cumplimiento actual de las normas e información procedente de informantes). CIAT ha elaborado un *Manual sobre Gestión de Riesgos de Incumplimiento para Administraciones Tributarias* (CIAT, 2020[5]) que sirve de guía a las administraciones tributarias a la hora de incorporar enfoques de gestión de riesgos.

La formulación de enfoques basados en riesgos también puede servir para abordar otros problemas identificados en las mesas redondas, especialmente cuestiones relativas al volumen de la información solicitada. Al centrarse en los riesgos fundamentales tanto de las obligaciones de presentación iniciales como de los requerimientos posteriores de información adicional, las exigencias de información deberían ser menores, pero más específicas, facilitando la labor de análisis de las administraciones tributarias, así como el cumplimiento de los contribuyentes. No obstante, es preciso tener en cuenta que los enfoques basados en riesgos generan a su vez nuevos problemas relacionados con la información. Es necesario garantizar que se puede confiar en la información empleada para el análisis de riesgos y que no está sujeta a sesgo; para asegurarse de esto, es posible que deban realizarse inversiones con el objetivo de depurar y clasificar los datos, especialmente cuando se apliquen algoritmos automatizados.

Aunque los enfoques basados en riesgos pueden servir a las administraciones para usar los datos de manera mucho más eficaz, no suprimen la necesidad de un diálogo que vaya más allá del intercambio de datos, sobre todo en casos en los que existen diferencias interpretativas entre administraciones tributarias y contribuyentes, pero un enfoque basado en riesgos puede ayudar a estructurar mejor el diálogo y garantizar que se centre en los aspectos más pertinentes.

Las administraciones tributarias que adoptan enfoques basados en riesgos también deben decidir cuánta información comparten por este medio. La transparencia puede servir como una herramienta eficaz para estimular cambios concretos en la conducta de los contribuyentes, así como para fortalecer la confianza cuando pueda observarse que se está siguiendo el enfoque, si bien, en caso de que se comparta demasiada información, podría alentar la concentración de comportamientos justo por debajo de los umbrales. También existe margen para que las administraciones tributarias compartan información entre sí con el fin de identificar riesgos; así, por ejemplo, el CIAT ha creado una *Base de datos de casos trasnacionales de erosión de la base gravable* para facilitar el intercambio entre los países miembros del CIAT de estrategias de planificación fiscal abusivas.

3.2. Expectativas/ rendición de cuentas en relación con el comportamiento

Los participantes en las mesas redondas estuvieron de acuerdo en que resulta más fácil establecer relaciones cuando las expectativas relativas al comportamiento son claras, y aún más cuando existe algún tipo de rendición de cuentas. Esto se aplica por igual a los contribuyentes y a las administraciones tributarias, si bien los mecanismos varían. Asimismo, los debates sobre la reducción del alcance del cohecho y los comportamientos ilegales también se centraron en la necesidad de que exista rendición de cuentas.

Las administraciones, los contribuyentes y los asesores deben valorar también en qué medida los objetivos y las metas de desempeño pueden estar afectando a las relaciones. Algunas empresas manifestaron su preocupación por que el hecho de que la evaluación del desempeño de un inspector se base exclusivamente/principalmente en la consecución de ciertos objetivos de liquidación de impuestos podría ser un obstáculo para fortalecer la confianza, pues promueve el uso de enfoques de inspección más agresivos por parte de la administración. De igual modo, las empresas y los asesores deben tener en cuenta también si su enfoque puede estar incentivando una estrategia demasiado agresiva. Una propuesta planteada en la mesa redonda consistió en que los inversionistas podrían tener en cuenta la valoración del rendimiento de una empresa en base a sus ingresos antes de impuestos, a fin de evitar que se incentiven estrategias de reducción de impuestos.

Aunque quede excluido del ámbito del presente informe, debe tenerse en cuenta que la ampliación de información relativa a ASG (Ambiente, social y gobernanza) incluye información sobre impuestos. Aunque la inclusión de los impuestos en las normas de información en materia de ASG (por ejemplo, la Global Reporting Initiative o los parámetros de comunicación de información sobre ASG del Consejo Empresarial Internacional del Foro Económico Mundial) es voluntaria, ha motivado la aparición de algunas normas sobre comportamiento fiscal (especialmente sobre divulgación pública) que se espera que las empresas vayan cumpliendo cada vez más, especialmente aquellas que deberían incluirse en las carteras de inversiones ASG.

3.2.1. Directrices

La elaboración de directrices puede revestir importancia, pues la existencia de directrices para grandes empresas lleva asociada una mayor percepción de confianza en los grandes contribuyentes, y cuando se adoptan, se percibe que los contribuyentes las respetan de manera generalizada, lo que sugiere que son eficaces para crear expectativas relativas al comportamiento. Las EMN también consideran que las directrices son una prioridad importante para aumentar la certeza tributaria (véase el Capítulo Dos para obtener más información). A la hora de aprobar nuevas directrices se debe tomar la precaución de asegurarse de que están suficientemente detalladas; algunas empresas han indicado que surgen problemas cuando las directrices no lo están, pues puede dar lugar a interpretaciones impredecibles y a ambigüedades en el proceso de toma de decisiones.

Junto con la elaboración de directrices, es importante garantizar un conocimiento amplio de las mismas. Tal como se ha mencionado en el Capítulo Dos, algunos funcionarios tributarios perciben que las directrices existentes no se usan en ningún caso, y algunas pruebas parecen indicar que existen distintos grados de conocimiento de la existencia de directrices entre los funcionarios tributarios pertenecientes a una misma administración. Por este motivo, para garantizar que los contribuyentes conozcan las directrices, es preciso que sean más conocidas a nivel interno.

Las Líneas Directrices de la OCDE para Empresas Multinacionales (OECD, 2011[6]) **contienen directrices aceptadas internacionalmente para EMN que operan en o desde países adherentes, junto con una red de Puntos Nacionales de Contacto (PNC) para resolver los problemas relacionados con la aplicación de las Directrices por las empresas.** Las Líneas Directrices suponen el único código de conducta empresarial responsable acordado multilateralmente y exhaustivo que los gobiernos se han comprometido a promover, e incluyen un capítulo sobre cuestiones tributarias. Con arreglo al capítulo sobre cuestiones tributarias, las EMN deberán cumplir con la letra y con el espíritu de las leyes y regulaciones tributarias de los países en los que operan, y sus consejos de administración deberán adoptar estrategias de gestión del riesgo tributario. Los PNC ofrecen un proceso de reclamación extrajudicial que permite a cualquier persona u organización con un interés legítimo someter a un PNC un asunto relacionado con la actividad de una EMN que opera en o desde el país del PNC y no haya respetado las directrices. En el momento de la redacción de este reporte, se han presentado 18 reclamaciones al amparo del capítulo sobre cuestiones tributarias de las Líneas Directrices para EMN.

3.2.2. Las Cartas de derechos y el Defensor de los contribuyentes

Las cartas de derechos de los contribuyentes pueden contener expectativas claras de servicios a los contribuyentes, mientras que un servicio de defensa del contribuyente puede desempeñar una función útil para la resolución de cuestiones procesales y administrativas. Muchos países han aprobado cartas de derechos de los contribuyentes, que proporcionan un instrumento de referencia sobre los estándares de servicio administrativo que pueden esperar los contribuyentes. Estas cartas describen los derechos y obligaciones de los contribuyentes, así como qué pueden esperar en sus relaciones con la administración tributaria. La percepción de varias empresas participantes en las mesas redondas fue que el valor de dichas cartas reside en que mejoran la capacitación y la gobernanza interna de las administraciones tributarias, pero no son un instrumento al que acudir en ciertos casos cuando se considera que la carta no se está respetando.

Aun cuando se disponga de cartas de derechos de los contribuyentes, pueden surgir problemas relacionados con la actuación administrativa del fisco, en cuyo caso la posibilidad de acudir a un Defensor del contribuyente puede servir para solucionar los problemas de forma rápida y restaurar la confianza. Un Defensor del contribuyente goza de independencia frente a la administración tributaria, y por lo general solo aceptará quejas una vez se haya agotado el procedimiento interno de reclamación ante las administraciones tributarias. En la mayoría de los casos, las conclusiones y/o directrices del Defensor del contribuyente serán vinculantes para la autoridad tributaria, y acudir al Defensor del contribuyente puede ser un proceso mucho más rápido, y menos costoso, que acudir a los tribunales. Además de desempeñar una importante función en la resolución de asuntos individuales, a través de un análisis de las tendencias en los asuntos que se le presentan, el Defensor del contribuyente también puede ayudar a identificar problemas sistémicos o emergentes que deben comunicarse a las autoridades tributarias. En las mesas redondas se concluyó que el Defensor del contribuyente es un servicio valioso para mantener y restaurar la confianza cuando surgen problemas, y se identificaron una serie de requisitos fundamentales que deben cumplirse para que hacer del Defensor una figura útil (véase el Recuadro 3.2).

Aunque el Defensor del Contribuyente solo se fija en las funciones de la administración tributaria, existe también una necesidad de que proporcione expectativas claras con respecto a los procesos judiciales. Este problema no se analizó en profundidad en las mesas redondas, pues escapa del control de las administraciones tributarias, pero es evidente que se trata de una cuestión importante. El tratamiento impredecible o incoherente de los tribunales fue la quinta mayor causa de incertidumbre tributaria en Asia y la séptima en LAC (la undécima en África y la duodécima en la OCDE). Por lo tanto, los países deben identificar de qué manera pueden ofrecer garantías relativas a dicho tratamiento en el ordenamiento jurídico, por ejemplo, mediante disposiciones que garanticen la aplicación objetiva de la Norma General Antielusión, tales como el uso de paneles de expertos, y velando por la transparencia de los asuntos.

> **Recuadro 3.2. Requisitos fundamentales del Defensor del Contribuyente**
>
> En los debates mantenidos en las mesas redondas se identificaron una serie de requisitos fundamentales para que un Defensor del contribuyente sea eficaz, que incluyen los siguientes:
> - La figura del Defensor del contribuyente debe estar regulada en una norma que defina la duración de su cargo, sus límites competenciales, el acceso a información y la obligación de mantener la confidencialidad del contribuyente.
> - El Defensor del contribuyente debe gozar de independencia frente a las autoridades tributarias
> - El ámbito competencial del Defensor del contribuyente debe estar definido con claridad y debidamente delimitado (esto es, sus atribuciones deben ir asociadas a servicios recibidos de las autoridades tributarias o ser de naturaleza procesal o administrativa).
> - Los contribuyentes deben agotar las vías internas de recurso antes de poder acudir al Defensor del contribuyente, a fin de garantizar que no se eluda el proceso ante las autoridades tributarias.
> - El Defensor del contribuyente debe tener acceso a información de la autoridad tributaria.
> - Las conclusiones/directrices del Defensor del contribuyente deben ser vinculantes para las autoridades tributarias.
> - El Defensor del contribuyente debe presentar un informe periódico a las autoridades tributarias, así como al órgano encargado de su supervisión (p.ej. Ministerio de Hacienda/Parlamento).
> - El Defensor del contribuyente debe mantener al público informado sobre su función y disponibilidad.
> - El servicio del Defensor del contribuyente debe ser accesible para todos los contribuyentes (esto es, gratuito).
>
> Fuente: Resumen de aportaciones de los participantes en la mesa redonda.

3.2.3. Marcos de control fiscal

Los Marcos de Control Fiscal (MCF) han evolucionado a la par del cumplimiento cooperativo, y en muchos países se obliga a los contribuyentes a disponer de un MCF como condición para incorporarse a un programa de cumplimiento cooperativo. Un MCF es la parte del sistema de control interno que garantiza la exactitud y la integridad de las declaraciones de impuestos e informativas de una empresa. Su importancia reside en su capacidad para proporcionar una garantía verificable de que la información y las declaraciones presentadas por un contribuyente son exactas y exhaustivas. Esta característica va más allá de la obligación de presentar declaraciones de impuestos exactas, pues hace especial hincapié en la comunicación de información y la transparencia. En este sentido, por comunicación de información se entiende la voluntad del contribuyente de poner en conocimiento del organismo recaudador cualquiera de las posiciones fiscales incluidas en la declaración que pueda ser dudosa o controvertida, así como ponerse a su disposición por encima de sus obligaciones legales de comunicación de información, mientras que la transparencia hace referencia al intercambio de información suficiente relativa al sistema de control interno del contribuyente que permite a la administración tributaria confirmar su confianza en el contribuyente. En este sentido, el MCF puede ser un elemento útil para analizar los riesgos (véanse los enfoques de inspección basados en riesgos). En muchos casos, un MCF formará parte del marco de control empresarial más amplio de una empresa.

La publicación de 2016 *Co-operative Tax Compliance: Building Better Tax Control Frameworks* (OECD, 2016[1]) **describe seis requisitos esenciales del MCF.** Estos son: que se fije y se asuma una estrategia fiscal por parte de la alta dirección de la empresa; que se aplique de manera integral, de modo que todas las operaciones susceptibles de afectar a la situación tributaria estén cubiertas por el MCF; que la responsabilidad se atribuya de forma clara, y se determine que el consejo es el responsable en última instancia y que el departamento tributario es responsable de su ejecución (para lo que debe contar con recursos suficientes); que la gobernanza del MCF debe garantizar que la totalidad de las operaciones y eventos pertinentes no solo se revisen, sino que además se documenten; que se lleve a cabo además una supervisión y evaluación periódica del MCF. Estos cinco requisitos, considerados en conjunto, deben posibilitar el cumplimiento del sexto: garantizar que los riesgos tributarios estén sometidos a un control adecuado. El diseño y la ejecución del MCF variarán según la empresa, especialmente entre sectores.

Cada vez son más las EMN que cuentan con un MCF. Lo ideal sería que estos MCF cubran las operaciones de la EMN a nivel mundial, y no solo en las jurisdicciones que exijan disponer de un MCF como parte de los regímenes de cumplimiento cooperativo; cuando los MCF ya existen, pueden ser un instrumento útil para comenzar a fortalecer la confianza. Cuando las EMN adoptan un MCF puede suponer un primer paso útil hacia el cumplimiento cooperativo que puede estimular a las administraciones tributarias a adoptar este enfoque. Es posible que las administraciones tributarias que no estén familiarizadas con los MCF necesiten ayuda para desarrollar procesos de análisis/evaluación de los MCF, y el fortalecimiento de capacidades en materia de cumplimiento cooperativo puede incorporar las directrices y la formación pertinentes a tal efecto.

3.2.4. Principios empresariales

Los principios empresariales voluntarios en materia tributaria son una novedad relativamente reciente que ofrece a las empresas la forma de saber lo que los demás esperan de su comportamiento fiscal, a la par que ofrecen la posibilidad de introducir cierto grado de rendición de cuentas. Las preguntas de la encuesta a la administración tributaria en que se basa el presente informe se inspiraron en las mejores prácticas de Business at OECD. Si bien la mayoría de las preguntas se diseñaron para permitir una cierta rendición de cuentas relativa al cumplimiento de los principios, se añadieron varias preguntas para comprender el grado de conocimiento de dichos principios y la percepción de su utilidad, así como posibles formas de mejorarlos.

Una mayoría abrumadora de funcionarios de todas las regiones encontraron útil la declaración sobre las mejores prácticas para mejorar su relación con grandes empresas de Business at OCDE. No obstante, el conocimiento de estos compromisos era escaso. Más del 80% de los funcionarios de todas las regiones (un 92% en LAC, un 87% en Asia, un 85% en los países de la OCDE y un 80% en África) afirmaron encontrar útil la declaración sobre mejores prácticas, si bien muchos de ellos no la conocían hasta ese momento y solo un 23% de los funcionarios de África, un 33% de los de la OCDE, un 34% de Asia y un 36% de LAC afirmaron que conocían la existencia de las mejores prácticas antes de comenzar la encuesta. Además, a mayor conocimiento de los principios, mayor es la percepción de utilidad, lo que sugiere que el aumento de la comunicación relativa a los principios podría arrojar resultados positivos.

Además de aumentar el conocimiento de los principios, existe también margen para su mejora, pues alrededor del 50% de los funcionarios (48% en la OCDE, 50% en LAC, 55% en África y 60% en Asia) afirmaron que los principios podrían mejorarse e hicieron sugerencias al respecto.

Algunas de las sugerencias de mejora se referían al número o la explicación detallada de los compromisos. Entre ellas se incluyeron el desarrollo pormenorizado de las referencias a los precios de transferencia y las prácticas relacionadas con BEPS (pues los principios se desarrollaron antes de la puesta en marcha del Proyecto BEPS); la aclaración del significado de algunos términos (tales como "razonable y relevante"); o la incorporación de nuevos principios, como un compromiso específico de ampliar las obligaciones a todas las entidades de un grupo ("todas las entidades vinculadas, incluidas las sociedades matrices, deben facilitar el flujo de información con otros miembros del grupo"); un principio que impida la solicitud de aplazamientos o prórrogas a menos que esté debidamente justificada (y nunca con fines dilatorios); o referencias expresas a la reparación de daños medioambientales y externalidades, incluido el cumplimiento y desarrollo de la legislación sobre fiscalidad medioambiental, así como el compromiso de trabajar con miras a lograr una alianza público-privada para luchar contra la corrupción. En términos más generales, los participantes animaron a las entidades a comprometerse a comunicar información relevante sobre plusvalías, precios de transferencia, nuevos tipos de operación o nuevos procesos empresariales siempre que sea posible.

Otras propuestas señalan la existencia de margen en ciertos ámbitos para elaborar directrices adicionales. Se mencionaron como cuestiones prioritarias el desarrollo de principios específicos de cada región y cada país adaptados al contexto local, principios específicos de cada sector para reflejar las características sectoriales que podrían afectar al cumplimiento y directrices específicas relativas a la manera en que las grandes empresas deben interactuar responsablemente con las autoridades tributarias en Zonas Económicas Especiales (ZEE). Las administraciones propusieron desarrollar principios similares para los funcionarios tributarios (que podrían complementar las Cartas de derechos de los contribuyentes), así como consejos prácticos que describan cómo deben comportarse los funcionarios y qué procedimientos pueden aplicar las administraciones, con miras a estimular un comportamiento positivo por parte de las EMN. Varios encuestados de distintas regiones propusieron la publicación de mejores prácticas y casos de estudio que muestren cómo operan en la práctica esos principios, y que incluyan las mejores prácticas de distintos países; ejemplos de buena cooperación con grandes contribuyentes y de buen comportamiento empresarial; y prácticas por país relativas a la prevención y resolución de controversias relacionadas con las inspecciones.

Una última serie de sugerencias se centró en garantizar la aplicación práctica de los principios. Aunque algunos encuestados propusieron desarrollar un mecanismo sancionador, otros defendieron que se fomentase el buen comportamiento mediante el desarrollo de un sistema de reconocimiento de empresas/EMN consideradas respetuosas con esos principios. También hicieron mención de la adopción de indicadores específicos para supervisar el cumplimiento de los compromisos (tanto de las administraciones como de las EMN). Con respecto a la sensibilización, los encuestados destacaron la necesidad de publicar la declaración en otros idiomas distintos del inglés (en particular, español y francés), y aumentar el número de cursos, seminarios y campañas de comunicación para concienciar a los funcionarios y contribuyentes en relación con la existencia e importancia de los principios, incluso a través de cursos virtuales.

Los datos de la encuesta y los debates mantenidos en las mesas redondas también pusieron de relieve otras cuestiones cuya inclusión podría ser tenida en cuenta cuando se revise la declaración de mejores prácticas. Las dificultades de obtener información en el extranjero fueron mencionadas en todas las mesas redondas como el problema más evidente, y varias EMN sugirieron que deberían introducirse mejoras al respecto. También podría ser útil reflexionar sobre la contratación de personal; por ejemplo, las EMN podrían comprometerse a apoyar la capacitación en el país y a tener en cuenta el impacto de la contratación de personal en las capacidades de la administración tributaria. Además, los resultados también pueden proporcionar algunas sugerencias relativas a cuándo puede ser útil la explicación detallada/el desglose de las mejores prácticas, por ejemplo ofreciendo mayor información acerca de lo que significa ser cooperativo en la práctica y destacando algunos tipos de información que puede ser útil compartir (incluida la información que exceda de la de naturaleza estrictamente tributaria, como las descripciones de la cadena de valor).

Otros principios voluntarios que han surgido pueden servir de inspiración a la hora de mejorar los principios. El B Team, que reúne a empresas y otros líderes para pedir y demostrar una mejor forma de hacer negocios, ha definido una serie de principios fiscales responsables en 2018 (The B Team, 2018[7]) que han sido incorporados por 24 EMN al momento de la redacción de este reporte[2]. Asimismo, el B Team también publica una serie de casos de estudio que muestran cómo se traducen en la práctica esos principios dentro de las EMN que los han incorporado[3]. Los principios del B Team ofrecen más información sobre los comportamientos esperados, por lo que parece que algunos de ellos abordan parte de los problemas tratados en el presente informe. Por ejemplo, en lo que respecta a la relación con las autoridades, los principios del B Team facilitan el suministro de información obrante en otras jurisdicciones, cuando proceda (véase (The B Team, 2018[7]), principio 4B), supuesto que fue identificado como problema fundamental por muchas administraciones. A pesar de que el B Team muestra un enfoque que contempla cierta rendición de cuentas a la hora de respetar los principios voluntarios, se precisan más esfuerzos en este ámbito. En la medida en que los principios se corresponden con los MCF (siempre y cuando existan) pueden garantizar cierto grado de rendición de cuentas, especialmente cuando las administraciones tributarias evalúan los MCF como parte de los programas de cumplimiento cooperativo. Otras opciones podrían incluir la incorporación de principios en las directrices/estándares de comportamiento previsibles aplicables a las administraciones tributarias y los contribuyentes. La comunicación de más ejemplos (como en los casos de estudio del B Team) relativos a cómo deben cumplirse los principios en la práctica será una herramienta útil para generar en las administraciones confianza a la hora de invocar el incumplimiento de los principios.

Una posibilidad de aumento de la rendición de cuentas en las mejores prácticas consiste en que los países las incorporen a las cartas de derechos de los contribuyentes y/u otras declaraciones de expectativas en relación con el comportamiento. Debido a que las mejores prácticas han sido elaboradas y aceptadas por las propias EMN como normas que desean mantener, representan en cierta medida un conjunto de normas preconcebidas que las autoridades tributarias pueden usar como instrumento de referencia. Por ello, la incorporación de las mejores prácticas a los mecanismos de rendición de cuentas interna puede servir para fomentar la adhesión a dichas mejores prácticas, así como para empoderar a las administraciones tributarias a la hora de llamar la atención cuando la conducta se sitúe por debajo de los estándares esperados. Dicho enfoque también puede servir para aumentar el conocimiento de las mejores prácticas tanto en las filiales de las EMN, especialmente en países en desarrollo, como en las administraciones tributarias.

No obstante, la fuente principal de rendición de cuentas residirá en el interior de las propias empresas. Cuando los principios excedan de los requisitos legales en una jurisdicción es probable que las administraciones tributarias tengan problemas para exigir responsabilidad a los contribuyentes, por lo que incumbirá principalmente a la empresa establecer sistemas y procesos que garanticen el cumplimiento de los principios. En las grandes organizaciones multinacionales, generar un comportamiento uniforme en todas las filiales puede presentar dificultades, especialmente cuando sea una tarea subjetiva determinar qué entra dentro y qué queda excluido de la política de la organización. Por tanto, los procesos internos de rendición de cuentas pueden ser útiles para asegurar la uniformidad en toda la organización. PricewaterhouseCoopers (PwC) ha creado Paneles de Política Tributaria (TPP) a tal fin (véase el Recuadro 3.3).

> **Recuadro 3.3 Paneles de Política Tributaria de PwC**
>
> **PwC toma como referencia para el asesoramiento fiscal el Código Global de Conducta Tributaria (CGCT). Los principios aplicados son:**
>
> 1. El asesoramiento fiscal que da como resultado posiciones presentes en la declaración de impuestos de un cliente debe apoyarse en un fundamento fiable en la legislación tributaria.
>
> 2. La eficacia del asesoramiento fiscal no dependerá en ningún caso de que la autoridad tributaria carezca de todos los datos relevantes. El asesoramiento prestado por una firma de PwC tiene en cuenta que el cliente realizará las divulgaciones pertinentes que procedan con arreglo a Derecho y que permitan a las autoridades tributarias realizar las indagaciones que consideren oportunas, y se basa en tales premisas.
>
> 3. El asesoramiento fiscal se presta en base a los hechos y circunstancias concretos comunicados por el cliente en cuestión y se ajusta a tales hechos y circunstancias.
>
> 4. El asesoramiento fiscal implica un análisis de las consideraciones más amplias que plantea, según proceda en función de las circunstancias, incluidos los riesgos económicos, comerciales y de reputación y las consecuencias derivadas de la opinión de los interesados con respecto a una línea de actuación concreta.
>
> 5. Las firmas de PwC informan a los clientes de las opciones adecuadas de las que disponen con arreglo a Derecho tomando en consideración la totalidad de los principios que forman parte del presente código.
>
> Las firmas de PwC deben llevar a cabo un análisis técnico riguroso del asesoramiento que prestan a sus clientes. No obstante, los principios consagrados en el CGCT van mucho más allá de los de naturaleza puramente técnica. Se espera que los asesores fiscales de PwC presenten proyectos a los denominados Paneles de Política Tributaria (TPP, por sus siglas en inglés) cuando se cumplan ciertos criterios, incluidos algunos que son análogos a los datos de divulgación obligatoria. A continuación, un TPP revisará el proyecto en el marco del CGCT y lo evaluará no solo por sus méritos técnicos, sino que tendrá en cuenta en particular los riesgos de política fiscal, sistémicos, económicos, comerciales y de reputación y la opinión de los interesados con respecto a una línea de actuación concreta. Las decisiones de los TPP operan como sólidas directrices para la práctica profesional. Habida cuenta de que las distintas firmas de PwC actúan en diferentes territorios y en diferentes culturas jurídicas, los presidentes de los TPP se reúnen periódicamente a fin de analizar cuestiones planteadas a los paneles; el objetivo de tales reuniones consiste en alcanzar acuerdos internacionales relativos a la revisión de los casos.
>
> La creación y el funcionamiento de los TPP de PwC ha contribuido a un asesoramiento fiscal mucho más holístico que tiene en cuenta el contexto social en el que se presta.
>
> A 30 de junio de 2021, se han constituido TPP en 34 territorios. Durante el ejercicio 2021, los TPP examinaron y trataron más de 560 asuntos.
>
> Fuente: PwC

3.2.5. Reducir las posibilidades de cohecho

Los resultados de la encuesta indican una percepción pequeña, pero preocupante, de la presencia de cohecho en todas las regiones. Tanto los contribuyentes como las administraciones tributarias deben adoptar medidas enérgicas para reducir las oportunidades e incentivos para cometer cohecho.

Disponer de Códigos de Conducta es un requisito mínimo con el que deben contar tanto las administraciones tributarias como las EMN para reducir el riesgo de conductas inapropiadas. Puede ser útil incorporar ejemplos en los Códigos de Conducta (p.ej. política de prohibición de regalos). Los conocimientos procedentes de la ciencia del comportamiento muestran que exponer a los individuos a escenarios de la vida real que planteen dilemas morales o conflictos de interés reduce el riesgo de que incurran en comportamientos indebidos. Si se da a las personas la oportunidad de pensar en un dilema de antemano, serán más proclives a actuar con integridad cuando se enfrenten a dicho problema (OECD, 2018[8]). Un enfoque similar puede aplicarse a la hora de integrar cuestiones éticas en seminarios y formación de carácter técnico, en lugar de continuar con el planteamiento tradicional de considerar la ética como una cuestión aislada.

Las Administraciones señalaron que la aplicación de protocolos de comunicación claros dentro de la administración tributaria, en los que los inspectores deben informar de sus interacciones con el contribuyente, ha permitido reducir el riesgo de comportamientos indebidos. También puede ser útil introducir un proceso estándar de gobernanza para revisar las conclusiones de las inspecciones a grandes contribuyentes, quizá junto con un análisis estadístico de la recaudación de impuestos que permita identificar incongruencias. Se señalaron como medidas de una política exitosa de lucha contra los comportamientos indebidos aumentar el número de inspectores que llevan a cabo inspecciones y garantizar como mínimo que no se celebran de las reuniones individuales entre contribuyentes y administraciones tributarias.

Los gobiernos deben garantizar que sus marcos legislativo, político y administrativo respaldan sus esfuerzos de lucha contra la corrupción. La Recomendación del Consejo de la OCDE sobre Integridad Pública ofrece un marco integral para promover la integridad combinando la imperatividad y la disuasión con la promoción de una cultura de integridad, y el Manual de la OCDE sobre Integridad Pública (OECD, 2020[9]) ofrece una guía práctica para aplicarla.

Los gobiernos pueden utilizar la legislación para fomentar la integridad pública en las empresas. Por ejemplo, muchos gobiernos han aprobado leyes que exigen a las empresas la implantación de un programa de cumplimiento en relación con la lucha contra el cohecho, que incluye las funciones de políticas corporativas de lucha contra la corrupción, fortalecimiento de capacidades, canales de comunicación, gestión de riesgos y control interno (OECD, 2020[9]).

Los gobiernos pueden combatir el lado de la oferta de cohecho adhiriéndose a la Convención para combatir el cohecho de servidores públicos extranjeros en transacciones comerciales internacionales de la OCDE[4]. Este instrumento de lucha contra la corrupción criminaliza el cohecho de los servidores públicos extranjeros y reduce los incentivos al excluir expresamente la posibilidad de que los servidores públicos extranjeros se deduzcan fiscalmente los sobornos. Las partes firmantes de la convención de lucha contra el cohecho pretenden que el cohecho de los servidores públicos extranjeros se tipifique como delito en las legislaciones nacionales. Esa legislación nacional con alcance extraterritorial puede ser un instrumento eficaz para mejorar la cultura empresarial. La UK Bribery Act (Ley británica de lucha contra el cohecho) se promulgó en 2011 y en su artículo 7 tipifica el delito de omisión del deber de impedir el cohecho (*"failure to prevent bribery"*). Los estudios sugieren que esta legislación ha provocado un cambio considerable en las políticas y prácticas de las EMN, tanto de las EMN sujetas a esta ley, como de sus proveedores (véanse, por ejemplo, (Goldstraw-White and Gill, 2016[10]) y (LeBaron, 2017[11])).

3.3. Transparencia y comunicación

La transparencia y la comunicación están estrechamente vinculadas; los debates mantenidos en las mesas redondas señalaron que la comunicación insuficiente podría afectar a la voluntad de ser transparente con las administraciones tributarias. Se aportaron una serie de recomendaciones y mejores prácticas, no solo en relación con la comunicación directa entre los contribuyentes y las administraciones, sino en un sentido más general que incluye la necesidad de aumentar la transparencia en torno a los procesos regulando la relación entre los grandes contribuyentes y las administraciones tributarias, para fortalecer la confianza del público en general. Habida cuenta de que, según las conclusiones de la encuesta, las percepciones de cooperación son mayores que las de confianza y apertura en la información facilitada, es posible que el problema en muchos países no sea la falta de participación en los procesos formales, sino más bien la ausencia de un mayor compromiso y una mejora del contenido del diálogo.

En las mesas redondas se destacó la voluntad de las EMN y las administraciones tributarias para colaborar en un aspecto fundamental: facilitar un diálogo más abierto y continuo entre los contribuyentes y las autoridades tributarias, no solo cuando se lleven a cabo inspecciones fiscales o liquidaciones, sino de manera periódica. Se están aplicando diversos enfoques que aumentan los canales de comunicación disponibles entre contribuyentes y administraciones, al tiempo que mejoran los canales ya existentes. Estos enfoques van desde la participación a la hora de desarrollar las políticas, hasta la mejora de los requerimientos de información durante las inspecciones. No obstante, están unidos por el objetivo común de facilitar una comunicación más efectiva y reducir los conflictos. Aunque los participantes en las mesas redondas estaban por lo general a favor de permitir un diálogo informal mayor y más frecuente que sirva para evitar la formalización de los conflictos, se advirtió que aun existiendo un diálogo informal es necesario contar con políticas y procesos claros si se desea reducir el riesgo de creación de oportunidades de corrupción o de que se incurra en otros comportamientos indebidos.

3.3.1. Diálogo multilateral

Varias empresas con experiencia en el Programa de Garantía de Cumplimiento Internacional (International Compliance Assurance Programme; ICAP) señalaron las ventajas de este programa que facilitaba la participación multilateral abierta y cooperativa entre los grupos de EMN y las administraciones tributarias. A pesar de que se reconoció de manera general que los procesos definidos del ICAP no son adecuados para muchos países en desarrollo, en las mesas redondas se apoyó la idea de abrir una vía de diálogo multilateral más flexible a más alto nivel entre los grupos de EMN y las administraciones tributarias.

El suministro de una vía para facilitar el diálogo multilateral entre EMN y administraciones tributarias en los países en desarrollo al margen del ICAP podría beneficiar tanto a las EMN como a las administraciones tributarias. Dado que muchas EMN han comunicado problemas con las administraciones tributarias por la falta de comprensión de sus estructuras y cadenas de valor, disponer de la oportunidad de debatir y explicar las mismas en varias jurisdicciones a la vez podría ser muy eficiente. En lo que respecta a las administraciones tributarias, especialmente las que tienen muy limitadas sus capacidades, la posibilidad de establecer un diálogo con las EMN y con sus iguales podría ser útil para fortalecer sus capacidades y reforzar el entendimiento. Asimismo, se permitiría a las EMN participantes facilitar información adicional de forma voluntaria, como informes país por país, a la que de otro modo no podrían acceder las administraciones tributarias de los países en desarrollo.

Se precisa un mayor esfuerzo para determinar la viabilidad de un proceso de diálogo multilateral de carácter voluntario, a fin de evaluar la demanda de las EMN y las administraciones tributarias, y asumiendo que existe demanda, definir los parámetros de un programa. La OCDE se esforzará en colaborar con otros organismos, incluida la unidad de desarrollo de capacidades de Her Majesty's Revenue and Customs (HMRC), para definir un programa y, si es viable, crear programas experimentales.

3.3.2. Foros de partes interesadas

Varias administraciones han creado foros en los que las partes interesadas, incluidos los funcionarios tributarios y las EMN, se reúnen periódicamente para debatir y prestar asesoramiento con respecto a cuestiones y procedimientos de naturaleza tributaria. Las administraciones tributarias también pueden utilizar estos foros para comunicar cambios normativos o en los procesos, o para recibir sugerencias que les ayuden a simplificar los trámites burocráticos. Tanto las empresas como las administraciones tributarias destacaron las ventajas de dichos foros a la hora de identificar problemas que comparten multitud de contribuyentes. Además, pueden facilitar el aprendizaje entre iguales, incluso entre los contribuyentes, y contribuir a mejorar la capacidad de cumplimiento.

Algunas empresas también comunicaron que estos foros pueden servir para mejorar la percepción de la administración tributaria, si bien se debe probar la voluntad de establecer relaciones positivas con los contribuyentes, así como asumir el compromiso de relacionarse con éstos de manera equitativa y transparente. Es evidente que, para que se produzcan estos beneficios, el diseño de estos foros tiene que promover la apertura y la transparencia, así como una nutrida participación, y deben demostrar que son eficaces a la hora de abordar los problemas planteados.

Debe tenerse en cuenta la forma de participación de las partes interesadas, así como cuándo es necesario que los foros se centren en temas específicos. En caso de problemas comunes a un gran número de contribuyentes, los foros amplios pueden ser útiles, pero a medida que los problemas se vuelven más específicos, los foros pueden encontrar más dificultades para mantener su eficacia, a menos que se especialicen. De igual modo, las aportaciones conjuntas de contribuyentes/asociaciones de contribuyentes en dichos foros pueden ser útiles ante ciertos problemas, pero a veces pueden generar respuestas que deben generalizarse para asegurar un amplio consenso de todas las partes, lo que puede mermar la utilidad de las aportaciones para la administración. La Autoridad Fiscal de Kenia (KRA) creó un Marco de Participación de Partes Interesadas en 2015 para ayudar a gestionar las relaciones con las partes interesadas, que ofrece una serie variada de modalidades de participación de éstas tanto con los contribuyentes como dentro del Gobierno; el Recuadro 3.4 describe a continuación cómo opera la participación de las partes interesadas tras la introducción de una nueva fórmula de devolución del Impuesto sobre el Valor Agregado (IVA).

> **Recuadro 3.4. Participación de partes interesadas en Kenia – Fórmula de devolución del IVA**
>
> El Marco de Participación de Partes Interesadas de la KRA fue creado en 2015, y se ha visto acompañado por la creación de una Secretaría de Participación de Partes Interesadas y un mecanismo que garantiza una centralización de la supervisión y solución de problemas de las partes interesadas.
>
> La introducción de la fórmula de devolución del IVA en el marco del régimen del IVA de 2017 generó problemas, especialmente a los exportadores, que no podían beneficiarse de sus créditos fiscales y sufrían problemas de flujo de efectivo y liquidez.
>
> Para abordar este problema la KRA participó de manera sistemática junto con los contribuyentes y otras partes interesadas dentro del Gobierno en una serie de actividades, que acabaron dando lugar al Reglamento (Modificado) del IVA de 2019, que introducía una revisión de la fórmula de devolución, abordando los problemas a los que tenían que hacer frente los contribuyentes. Esta participación incluyó:
>
> - Cinco Grupos de Trabajo Semanales con equipos técnicos para identificar las posibles opciones.
> - Tres Foros Consultivos Sectoriales/Técnicos mensuales con la industria, para revisar las conclusiones de los grupos de trabajo.
> - Dos Mesas Redondas del Comisionado y del Comisionado General, celebradas trimestralmente, que permitieron determinar la política de la KRA.
> - Tres consultas a la Hacienda Nacional, que posibilitaron un diálogo directo entre la KRA, Hacienda e Industria en relación con la política.
> - Dos actuaciones parlamentarias para demostrar la necesidad de revisar la fórmula, incluyendo pruebas de las partes interesadas afectadas.
>
> Los resultados de este enfoque han sido positivos, y la Asociación de Fabricantes de Kenia ha destacado tanto la importancia de la revisión de la fórmula de devolución como el papel que ha desempeñado la participación de las partes interesadas de la KRA a fin de desbloquear los problemas a los que hacía frente la industria.
>
> Fuente: Adaptado de *Achieving Effective Stakeholder Engagement: A Case Study of VAT Refunds Formula*, disponible en https://www.kra.go.ke/images/publications/Achieving-Effective-Stakeholder-Engagement_A-Case-Study-of-VAT-Refunds-Formula.pdf

3.3.3. Consultas para la aprobación de nuevas normas

Las EMN y las administraciones destacaron los beneficios de implicar a los contribuyentes en el proceso de elaboración de nuevas normas. La incorporación de los contribuyentes (y asesores) al proceso de elaboración de nuevas normas puede aumentar la eficacia de la administración, así como aumentar el conocimiento de las normas por los contribuyentes y su confianza en ellas, al sentirlas en parte como algo propio.

Es importante garantizar que las consultas sean abiertas y transparentes a fin de fortalecer la confianza en que una consulta legítima no se perciba como (o pueda convertirse en) una actividad de presión ilegítima (véase más adelante el apartado sobre Grupos de presión y transparencia pública).

3.3.4. Idioma

Los países no anglófonos han experimentado constantes problemas con el idioma tanto para relacionarse con las EMN como para solicitar información de otras administraciones tributarias. Aunque las EMN pueden estar acostumbradas a utilizar el inglés como idioma común de trabajo a nivel mundial, esto no sucede con muchas administraciones tributarias, y en muchos países en desarrollo multilingües, especialmente los que cuentan con un idioma oficial de procedencia colonial, es probable que los funcionarios de la administración tributaria ya trabajen en un segundo idioma. Las EMN también pueden encontrar problemas para trabajar directamente en el idioma local, pues esto puede dificultar la firma de documentos por el personal directivo de la EMN en caso de que no domine con soltura el idioma del país.

Los contribuyentes deben respetar los requisitos del idioma local al presentar documentos y reconocer que la capacidad de obtener una traducción de calidad es valiosa con miras a evitar errores de comprensión, especialmente en relación con documentos y situaciones que entrañen complejidad. Es preciso prestar especial atención cuando existe un riesgo de que la terminología específica sea interpretada de manera divergente, y todas las partes deben tratar de asegurarse de que comparten una misma interpretación de los términos. Cuando la administración tributaria cuenta con conocimientos lingüísticos, es posible que las administraciones consideren usar el inglés en ciertos casos, lo que puede facilitar la rapidez de respuesta o mejorar el diálogo con la alta dirección del contribuyente; cuando sea necesario traducir documentos, debe concederse un plazo para preparar una traducción de alta calidad. La mejora del equilibrio entre la solicitud de una menor cantidad de información y el requerimiento de un gran volumen de datos (véase Información y datos) puede facilitar que los contribuyentes aporten una traducción en un plazo más breve, y lo mismo sucederá si se permite la flexibilidad en cuanto al formato (siempre que sea posible).

3.3.5. Información y datos

Un tema recurrente en las mesas redondas fue la necesidad de centrarse en asegurar el acceso a información útil, en lugar de solo datos. Como se destacó anteriormente, las administraciones tributarias encaran problemas relativos a la respuesta a los requerimientos de información, tanto por parte de los contribuyentes como de otras administraciones cuando acuden a mecanismos de intercambio de información; por su parte, las empresas se quejan de que los requerimientos de información pueden ser poco claros, a veces se solicita información en un formato no habitual o se solicitan enormes cantidades de datos en lugar de información concreta. La mejora de la precisión de los requerimientos de información, frente a la solicitud de entrega de grandes cantidades de datos a los contribuyentes, beneficia tanto a las administraciones tributarias como a los contribuyentes. En lo que respecta a los contribuyentes, esta mayor precisión reduce el coste de cumplimiento/las molestias a la hora de preparar los datos, mientras que la administración tributaria puede ser más eficiente si no tiene que navegar entre enormes cantidades de datos. También se puede fortalecer la confianza a largo plazo a medida que los contribuyentes estén más dispuestos a atender a requerimientos de información más limitados e inteligibles.

La mejora de la información recogida a través de la declaración de impuestos inicial, así como una garantía de acceso a datos en poder de otro órgano gubernamental o de terceros, puede reducir la necesidad de tener que solicitar información adicional en un momento posterior. En ciertos casos, las declaraciones de impuestos de algunos países no recaban información suficiente, lo que da lugar a que posteriormente haya que solicitar un enorme volumen de datos adicionales. Por tanto, el punto de partida para mejorar los procesos de recogida de información consiste en garantizar que a través de las declaraciones de impuestos se recaba información suficiente (pero no superflua). Asimismo, la capacidad de consultar cualquier dato que obre en poder de otro órgano gubernamental (p.ej. información de aduanas) o de terceros puede servir a la administración tributaria para llevar a cabo el análisis de riesgos, y reducir y precisar los requerimientos de información a los contribuyentes que se realicen posteriormente.

El acceso a datos externos, y las políticas y procesos para su uso, sigue representando un problema en muchos países en desarrollo. La supresión de restricciones gubernamentales internas que afectan al intercambio de información y al acceso a datos de terceros puede ser un punto de partida útil para mejorar el proceso general de recogida de información, pero debe ir acompañada de reformas para que dichos datos puedan utilizarse de manera efectiva.

Se identificaron una serie de recomendaciones y mejores prácticas dirigidas a mejorar el proceso de recogida de información por parte de las administraciones tributarias, que incluían las siguientes:

- **Utilizar un proceso automatizado para recoger y analizar la información, lo que permite reducir los costes de cumplimiento y asegurarse de que los requerimientos de información posteriores sean más precisos.** No obstante, pueden surgir problemas cuando las interfaces de datos de la administración tributaria no coinciden con las de los contribuyentes, en cuyo caso puede complicarse el cumplimiento o la asimetría de los datos puede generar confusión.

- **Ofrecer oportunidades de debate en torno a los objetivos que persigue el requerimiento de información, a fin de determinar si el requerimiento puede ser atendido de una forma más sencilla.** En las mesas redondas se dieron ejemplos de debates que ayudaban a identificar cuestiones específicas controvertidas, así como perfeccionar los requisitos de la información; en algunos de esos ejemplos el volumen de información solicitada acabó reduciéndose a un 20% de la que se había solicitado inicialmente. Estos debates se han extendido también al formato en que deben suministrarse los datos: una mayor flexibilidad en este aspecto puede reducir de manera considerable el tiempo dedicado por los contribuyentes a atender el requerimiento, siempre que se siga garantizando que se va a facilitar la información a la administración tributaria. Cuanto antes se inicien estos diálogos, mayor será su eficacia a la hora de mejorar la calidad y rapidez de respuesta a los requerimientos de información.

- **Facilitar el aprendizaje de lecciones a lo largo del tiempo.** Perfeccionar la labor de recogida de información en un ejercicio para empezar otra vez desde el principio al siguiente es frustrante e ineficiente, motivo por el cual deben buscarse mecanismos para reducir este riesgo. El enfoque más evidente consiste en garantizar la continuidad del personal, especialmente valioso a medida que se consolida el conocimiento del sector, lo que permite reducir el desorden. Otros enfoques pueden incluir un diálogo posterior a la inspección, de tal manera que la administración y el contribuyente puedan revisar la inspección para identificar posibilidades de hallar compromisos/soluciones para ejercicios futuros. Puede recogerse un acta de dicho diálogo (y en algunos países pueden alcanzarse compromisos vinculantes sobre ciertos aspectos) a fin de que, aunque cambie el personal, exista un registro relativo a la manera de abordar cuestiones concretas sin tener que pasar de nuevo por un largo y complejo proceso de recopilación de información.

Deben revisarse los plazos concedidos en los requerimientos de información. Cuando se soliciten grandes cantidades de datos, sobre todo si el formato no es el habitual, los contribuyentes con intención de cumplir pueden encontrar problemas si se conceden plazos muy ajustados. Por tanto, las administraciones tributarias deben asegurarse de que los plazos que conceden cuando requieren información son realistas.

En todas las mesas redondas se mencionó el problema la falta de accesibilidad a la información conservada en otras jurisdicciones, pues las administraciones tributarias señalaron dificultades, tanto con las EMN como con las administraciones tributarias extranjeras, a la hora de atender a los requerimientos. Aunque la inclusión de mejoras en el modo y el tipo de información que exige la administración tributaria puede ayudar, debe complementarse con la voluntad de las EMN de suministrar información pertinente con independencia de dónde se encuentre en el momento de la solicitud, así como la voluntad de las administraciones tributarias extranjeras para atender a las solicitudes de información, incluido el reconocimiento de que cuando dicha solicitud de información proviene de países en desarrollo recientemente incorporados a las redes de intercambio de información pueden carecer de experiencia a la hora de pedirla.

Los contribuyentes también exigen garantías de seguridad de la información. Garantizar que la información del contribuyente sigue siendo confidencial es una preocupación importante para los contribuyentes, y se trata de una condición previa importante antes de que los contribuyentes estén dispuestos a entregar de manera voluntaria información adicional, especialmente información sensible. Por ello, las administraciones tributarias deben ofrecer garantías relativas a políticas de seguridad de la información (y cuando sea necesario deben mejorarlas) como parte de sus esfuerzos para fortalecer la confianza de los contribuyentes.

3.3.6. Fortalecimiento y gestión de relaciones

En las mesas redondas se mencionó en varias ocasiones el beneficio de mantener buenas relaciones interpersonales entre contribuyentes y administraciones tributarias, y se reconoció la necesidad de establecer salvaguardias que eviten el abuso de tales relaciones. Muchos señalaron las ventajas de mantener la permanencia del personal, y tanto contribuyentes como administraciones recomendaron que se redujeran al mínimo los cambios en los equipos y especialmente en las personas de contacto. Desde el punto de vista de la economía del comportamiento, se recalcó la potencial importancia del efecto mensajero (es decir, el impacto que tiene la percepción de la persona que transmite el mensaje) en las relaciones; sin embargo, se reconoció que hasta el momento este aspecto no ha sido estudiado en profundidad en las relaciones entre los contribuyentes y la administración tributaria.

Existe margen para seguir investigando a fin de entender los factores que impulsan el fortalecimiento de las relaciones entre las EMN y las administraciones tributarias, especialmente en el contexto de los países en desarrollo en los que existen diversas dinámicas potenciales, como el poder, la cultura, la raza y la fluidez en lengua inglesa, que podrían influir en las relaciones interpersonales. La OCDE buscará socios para investigar más a fondo estas cuestiones.

La capacidad/experiencia del personal también puede ser un factor a la hora de construir un diálogo efectivo entre los contribuyentes y las administraciones tributarias. Dado que muchos países en desarrollo cuentan con un número muy reducido de personal capacitado en las cuestiones tributarias internacionales más complejas, puede resultar difícil gestionar y utilizar los recursos necesarios para entablar un diálogo más abierto con las EMN contribuyentes. Del mismo modo, cuando las unidades tributarias de las EMN son de escaso tamaño a nivel local, cabe que no existan personas adecuadas en el país para entablar un diálogo más abierto. Si bien el fortalecimiento de capacidades puede aliviar estos problemas a largo plazo, a corto plazo se requerirán procesos para permitir que los recursos limitados se utilicen de manera eficiente. Esto puede incluir la aclaración del personal que será necesario y en qué fase del diálogo entre los contribuyentes y la administración fiscal.

3.3.7. Estructuras de gobernanza para facilitar el diálogo

Proporcionar estructuras de gobernanza y procesos de diálogo claros puede contribuir a reducir la confusión y la ambigüedad tanto de los contribuyentes como de las administraciones tributarias. Las administraciones tributarias indicaron que las EMN podrían formalizar estructuras de gobernanza interna para interactuar con las administraciones tributarias (por ejemplo, delegación de poderes, políticas de comunicación) a fin de facilitar el diálogo y la cooperación. Además, es importante garantizar la claridad de la función de los asesores. Si bien los asesores pueden desempeñar un papel útil de mediación entre la administración tributaria y los contribuyentes, si el papel de los asesores no está claro puede incrementar la confusión, por ejemplo, cuando se solicita a los asesores que faciliten información del contribuyente a la que no tienen acceso. También son importantes las estructuras de gobernanza claras de la administración tributaria. En las mesas redondas, varias empresas expresaron su preocupación por la falta de claridad de las funciones y destacaron la importancia de que se esclarezca la forma en que la información divulgada será utilizada y la necesidad de puntualizar que las controversias se tratarán con imparcialidad.

La digitalización y la automatización ofrecen instrumentos adicionales para regular las interacciones entre los contribuyentes y las Administraciones. Varios participantes en las mesas redondas consideraron que la prestación de servicios en línea a los contribuyentes ha mejorado la cooperación de las EMN, facilitando el cumplimiento remoto de las obligaciones fiscales, incrementando la velocidad de los pagos (y favoreciendo así el cumplimiento de los plazos), facilitando a las EMN la ejecución de los pagos que requieren la autorización de departamentos ubicados en el extranjero y brindando a las sociedades matrices la posibilidad de hacer seguimiento de las declaraciones fiscales y de los pagos efectuados por sus filiales. A este respecto, se subrayó la importancia de poner a prueba y experimentar nuevos servicios en línea con vistas a asegurar que sean fáciles de utilizar, teniendo en cuenta, mientras se desarrollan, las observaciones de los contribuyentes.

En algunos países, existe un diálogo posterior a la inspección, que sirve como un proceso de "aprendizaje de lecciones", entre los inspectores y los contribuyentes. Ello permite identificar conjuntamente áreas de mejora de cara a inspecciones futuras, lo cual facilita dichas inspecciones. En algunos casos, el proceso puede dar lugar a acuerdos formales sobre la forma de tratar ciertas cuestiones complejas en los próximos años.

3.3.8. Grupos de presión y transparencia pública

En las mesas redondas los debates sobre grupos de presión fueron relativamente escasos, principalmente porque los participantes se veían menos implicados directamente, por considerar que estas actividades de presión tienen lugar en otros lugares, a menudo a través de la interacción con políticos o funcionarios de más alto rango que los que participaron en las mesas redondas. Así, mientras que las percepciones de los funcionarios tributarios sobre la mayoría de las demás preguntas de la encuesta se basaron en su propia experiencia de interacciones con los contribuyentes, en esta área las percepciones consisten más bien en lo que creen que está sucediendo en otros lugares.

Hubo un claro acuerdo en que la transparencia en las interacciones entre los contribuyentes y los funcionarios/políticos puede ser de ayuda. Los registros de intereses y los registros públicos de las reuniones de ministros y altos funcionarios son utilizados en muchos países; las empresas pueden elaborar asimismo sus propios registros de reuniones, públicamente disponibles.

Los procedimientos de gobernanza claros, incluidos algunos mencionados en otras partes de este capítulo, pueden contribuir a reducir las potenciales presiones ilegítimas. Garantizar que los incentivos fiscales han de estar previstos en el código tributario, sin que puedan ser concedidos arbitrariamente por ministros no financieros, disminuye el margen de maniobra para presionar a favor de incentivos específicos para las empresas. La celebración de consultas y foros abiertos y transparentes para debatir las nuevas leyes y reglamentos puede reforzar la confianza en que dichas leyes no se ven influidas indebidamente por la actividad de grupos de presión. En relación con casos individuales, muchas de las medidas señaladas para contribuir a prevenir el cohecho son también pertinentes para las actividades de los grupos de presión.

Las tensiones con respecto a los grupos de presión persistirán, ya que siempre existirá un sesgo de percepción; lo que una persona puede percibir como el planteamiento de preocupaciones legítimas sobre la forma en que una nueva normativa afectará a las empresas, puede ser percibido por otra persona como una presión ilegítima. Estas discordancias en las percepciones pueden reducirse reforzando la confianza y aumentando la transparencia en el proceso de elaboración de políticas, así como el contacto entre la administración el sector privado/los grupos de presión. Los principios de la OCDE para la transparencia y la integridad en los grupos de presión ofrecen orientaciones útiles para ayudar a los responsables de la toma de decisiones a fomentar la integridad y la transparencia. (OECD, 2014[12])

Los funcionarios de las regiones en que se considera que las grandes empresas están más dispuestas a explicar sus posiciones y decisiones fiscales en público, también parecen mostrar una mayor confianza en la información facilitada por las grandes empresas, lo que sugiere que las EMN pueden encontrar beneficios en mejorar la transparencia pública. Esta correlación ha de tratase con cautela, ya que la pregunta acerca de la disponibilidad de las grandes empresas/EMN a explicar públicamente sus posiciones fiscales solo fue respondida por una fracción de los encuestados. Esto puede apuntar a que la mayor disponibilidad a explicar los asuntos fiscales en público también mejora la comunicación y la confianza en las relaciones confidenciales con las administraciones tributarias. Las EMN pueden enfrentarse al desafío de que es más sencillo mostrar una actitud abierta en el país de la sede, en donde está disponible personal de alto nivel para hablar con la prensa, el parlamento o la administración tributaria, por lo que puede ser necesario estudiar más a fondo la manera de facilitar un diálogo más abierto sobre la fiscalidad en los lugares en que las filiales operan.

3.4. Programas de fortalecimiento de capacidades

Dado que muchos de los enfoques para reforzar la confianza que se explican en este informe requieren de personal capacitado para aplicarlos, los programas de fortalecimiento de capacidades pueden jugar un papel valioso tanto en las administraciones tributarias como en las empresas/firmas de asesoramiento. El fortalecimiento de capacidades en fiscalidad internacional, en especial en materia de precios de transferencia, ha sido siempre una de las principales prioridades de las administraciones tributarias. Las empresas también reconocen la necesidad de fortalecer las capacidades en materia de fiscalidad internacional, y la falta de experiencia en la administración de la fiscalidad internacional se identifica como una de las diez causas principales (de entre 21) de incertidumbre fiscal para las EMN que operan en África (sexta), Asia (novena) y LAC (décima).

Aunque es evidente que las aptitudes técnicas son de vital importancia, también es necesario fortalecer capacidades en competencias profesionales menos específicas desde el punto de vista fiscal, especialmente en comunicación; tales competencias a menudo no se incluyen de manera rutinaria en los programas existentes de fortalecimiento de capacidades, por lo que es preciso continuar trabajando para determinar la forma óptima de reforzar toda la gama de aptitudes necesarias para impulsar el desarrollo de un diálogo efectivo entre los contribuyentes y las autoridades tributarias.

3.4.1. Inspectores Fiscales sin Fronteras

Los programas de Inspectores Fiscales sin Fronteras (IFSF) ofrecen apoyo práctico entre pares en casos reales. De este modo, los expertos pueden prestar apoyo para identificar problemas específicos y debatir con las autoridades tributarias los potenciales enfoques. Si bien los esfuerzos de IFSF se han centrado en gran medida en los ingresos recaudados como resultado directo de la intervención de IFSF en los casos (1 600 millones de dólares americanos hasta el final de 2021), existen también crecientes indicios circunstanciales que los programas IFSF tienen un impacto de mayor alcance en el fomento del cumplimiento.

Los programas IFSF, en los que se trabaja mano a mano con las administraciones tributarias en casos reales, con frecuencia durante un período prolongado, brindan la oportunidad de fortalecer capacidades no solo en temas técnicos, sino también en los procesos relacionados con la inspección de las EMN y las competencias profesionales asociadas. Como se indica en el Recuadro 3.5 más adelante, de este modo puede ofrecer la oportunidad de fortalecer capacidades en varias de las áreas señaladas en este informe, en particular la mejora del análisis de riesgos y las comunicaciones. En un número creciente de países en los que se han ejecutado programas IFSF, las administraciones afirman que se han producido impactos más allá del ámbito de los ingresos de las empresas concretas inspeccionadas, pues se ha percibido una mejora del cumplimiento general de las EMN, con un aumento de la puntualidad en la presentación de documentos y una mayor receptividad de las EMN.

IFSF está intensificando los esfuerzos por determinar y hacer seguimiento de esos impactos que se producen más allá del ámbito de los ingresos, reconociendo que pueden ser tan importantes o más a largo plazo en el cumplimiento que el incremento de los ingresos en los casos concretos. El Gráfico 3.1 muestra el impacto de los programas IFSF en las competencias de los inspectores. Sin embargo, el seguimiento de los impactos no circunscritos a los ingresos es significativamente más complejo y la causalidad directa puede ser difícil de determinar. Se trata de un problema común a la hora de hacer seguimiento del fortalecimiento de capacidades en áreas de carácter más abstracto y genera el riesgo de que el foco se desplace a áreas en las que el seguimiento del impacto es más sencillo. Tal como demuestran los datos de este informe, centrarse en variables más abstractas como la confianza junto con el fortalecimiento de competencias técnicas específicas es necesario para introducir los cambios deseados a largo plazo deseados.

Gráfico 3.1. Autodeclaración de competencias de los inspectores que participan en IFSF

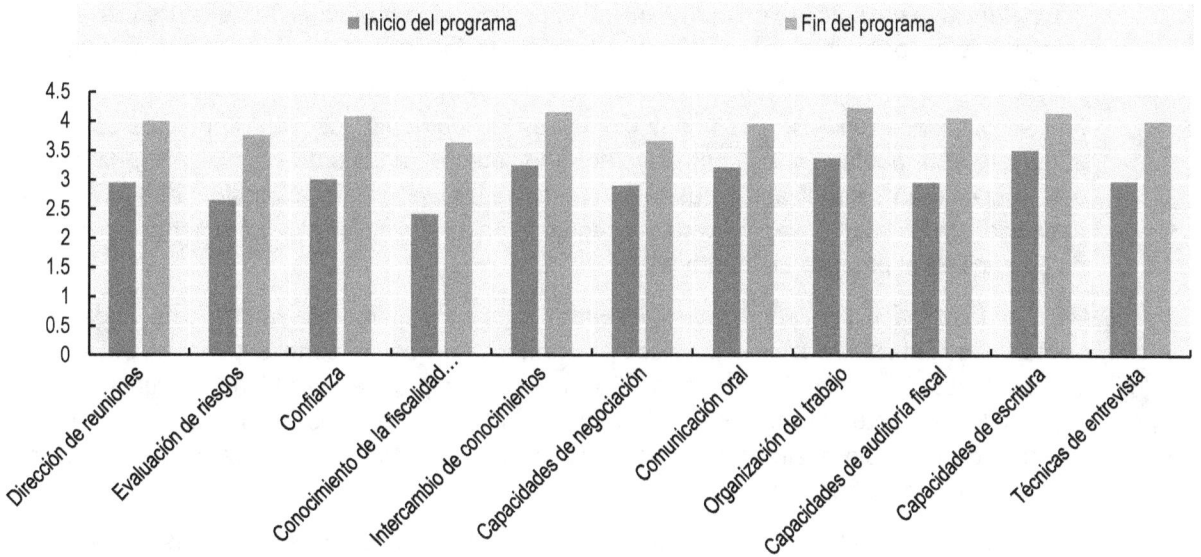

Nota: Autodeclaraciones de los inspectores al inicio y final de los programas de IFSF en 11 categorías, calificadas en una escala de 1 (Deficiente) a 5 (Excelente).
Fuente: Secretaría IFSF.

> **Recuadro 3.5. Función de IFSF en la mejora de las relaciones con los contribuyentes**
>
> La experiencia de los programas IFSF pone de manifiesto que una gestión eficiente del procedimiento de inspección también contribuye a incrementar el cumplimiento. En un programa recientemente concluido en la Direction Générale des Impôts (Dirección General Tributaria; DGI) de Costa de Marfil, los inspectores tributarios tenían que enfrentarse a contribuyentes que no respondían o que respondían daban respuestas genéricas, incompletas o tardías. Algunos contribuyentes incluso presentaban información en idiomas no conocidos por el equipo de inspección, anulando así el esfuerzo y los recursos desplegados por la DGI. Con el apoyo de un experto de la administración tributaria de Bélgica, los funcionarios de la DGI adoptaron una nueva estrategia de inspección basada en varios factores clave:
>
> - Estandarización de los procesos de inspección: centrarse en el fortalecimiento de la metodología de inspección a fin de garantizar la certeza en la realización de las inspecciones, tanto desde el punto de vista de la administración tributaria como de los contribuyentes. Para ello, la DGI invirtió en particular en una base de datos comparables internacionales con objeto de asegurarse la posibilidad de impugnar las operaciones de los contribuyentes a pesar de carecer, en el ámbito nacional, de ejemplos de transacciones en condiciones de plena competencia. Asimismo, se creó una unidad especializada en precios de transferencia a fin de reforzar los conocimientos especializados de sus funcionarios tributarios, facilitando aún más los intercambios con los equipos fiscales de los contribuyentes.
> - Mayor comunicación con los contribuyentes: el aumento de los contactos entre la administración tributaria y los contribuyentes requiere de canales de comunicación fluidos. A este respecto, la centralización de las comunicaciones en torno a contacto clave fomenta la capacidad de los contribuyentes para dar seguimiento a cada solicitud e incrementa la rendición de cuentas en el proceso de auditoría.
>
> Focalización en la formación del contribuyente: ayudar a los contribuyentes a anticiparse y adaptarse a la evolución constante de la legislación fiscal, incrementando así la certeza y la confianza en la administración tributaria y sus funcionarios. Ello puede comprender también oportunidades de aprendizaje mutuo durante las sesiones de información o los eventos de trabajo en redes, y especialmente con respecto a situaciones específicas de un sector, de las que la administración tributaria puede no tener conocimiento.
>
> En general, facilitar y multiplicar los intercambios entre contribuyentes y gestionar las expectativas contribuye a construir relaciones sólidas con los contribuyentes y puede conducir, en primer término, a un aumento de los ingresos tributarios y, a su vez, a una mejora de la moral tributaria o del cumplimiento voluntario entre los contribuyentes.
>
> Fuente: Secretaría IFSF.

3.4.2. Cadena de valor/estructuras empresariales

Las cadenas de valor y las estructuras empresariales son un área en la que las EMN han planteado sistemáticamente la preocupación de que la falta de comprensión pueda crear desconfianza o confusión. Este problema es evidente desde hace tiempo, pero encontrar soluciones ha sido difícil. Dado que los expertos se encuentran principalmente en las empresas, la opción preferente para la formación consiste en recurrir a los expertos del sector empresarial. Si bien el fortalecimiento de capacidades liderado por la OCDE ha sido extremadamente bien recibido, ha resultado complicado encontrar representantes empresariales dispuestos a participar. Por lo tanto, el alcance de esa formación ha sido limitado.

Los programas de aprendizaje virtual pueden facilitar la participación de expertos empresariales con vistas a incrementar la comprensión de las cadenas de valor. Estos programas se han vuelto más comunes tras las restricciones impuestas por la pandemia de COVID-19, Una opción que ha de considerarse podría ser el desarrollo de programas de aprendizaje electrónico en colaboración con la OCDE, BIAC y las organizaciones tributarias regionales.

3.4.3. Fortalecimiento de capacidades en las empresas

Aunque en lo que respecta al fortalecimiento de capacidades la mayor parte de la atención se centra en las administraciones tributarias, también las empresas pueden necesitar reforzar sus capacidades, con objeto de hacer posible un diálogo mutuo eficaz y fomentar la confianza.

Las empresas pueden enfrentarse a desafíos particulares para mantener los estándares en las jurisdicciones más remotas, en especial cuando el personal local es escaso y el contacto con la alta dirección es poco frecuente. Este problema puede ser especialmente acusado en las jurisdicciones en las que las operaciones de las empresas son relativamente pequeñas y no tienen una división tributaria local, por lo que la función fiscal es asumida por el personal financiero. En tales casos, se requieren políticas/procesos claros a fin de garantizar que todo el personal conozca sus responsabilidades y que el personal local sea supervisado efectivamente por la correspondiente división tributaria. Es también importante velar por que el diálogo entre el personal local y la alta dirección sea recíproco, y que la alta dirección tenga claras las diferencias/retos que existen en el contexto de los países en desarrollo para contribuir a inspirar la elaboración del enfoque local y mundial de la fiscalidad.

Especialmente en los casos en que las empresas se han comprometido con principios voluntarios relativos al comportamiento fiscal, es preciso actuar para explicar tales principios a todo el personal pertinente. Algunas empresas imparten a sus empleados formación sobre sus principios voluntarios. Pueden presentarse retos adicionales cuando las funciones se subcontratan a firmas locales de asesoramiento que pueden también sufrir problemas de capacidades y no saber cómo interpretar los principios voluntarios de una empresa cliente (véase en el Recuadro 3.6 cómo Anglo American forma a sus proveedores externos de servicios tributarios sobre sus principios). Además, es posible que las empresas también deban reflexionar sobre la forma de garantizar el cumplimiento de sus principios fiscales en diferentes jurisdicciones. Las jurisdicciones con menores capacidades y/o una legislación menos avanzada pueden presentar más posibilidades de planificación fiscal no deseada por las autoridades, por lo que cabe que las estrategias de planificación fiscal deban ser objeto de un examen más detenido con vistas a asegurar que se atienen a los principios.

Recuadro 3.6. Formación de proveedores externos de Anglo American

Anglo American es una compañía minera de ámbito mundial que cotiza en Reino Unido, con sede en Londres, cuya Estrategia Fiscal[5] e Informes de Contribución Económica y Fiscal[6] ofrecen información a todas las partes interesadas sobre el modo en que busca lograr sus aspiraciones respecto al comportamiento fiscal responsable.

Anglo American ha reconocido la necesidad de contar con asesoramiento externo sobre sus asuntos fiscales y de colaborar con sus asesores a fin de garantizar que cumple la legislación y todos los demás elementos de su Estrategia Fiscal. Sin embargo, también ha reconocido los riesgos que podrían poner en peligro estos objetivos si los asesores no tienen claras las expectativas del Grupo sobre ellos, por lo que Anglo American ha decidido ofrecer formalmente a sus principales proveedores de servicios fiscales formación sobre las cuestiones fundamentales de la empresa.

La formación se imparte mediante un vídeo presentado por el Jefe del Área Fiscal del Grupo y con la intervención de miembros de alto nivel de la cadena de suministros, los servicios de garantía empresarial y del equipo fiscal del Grupo. Proporciona asesoramiento práctico sobre los componentes básicos de los principios fundamentales y de gobernanza del Grupo en materia de impuestos. Se incluye:

- El Código de Conducta del Grupo, que explica (entre otras cosas) cómo se adoptan decisiones que se atengan al espíritu de la ley, e incluye referencias expresas a la Estrategia Fiscal y al enfoque de tolerancia cero ante la evasión fiscal y la facilitación de la evasión fiscal.
- El Programa de Abastecimiento Responsable del Grupo, que establece los principales requisitos y medidas para que los proveedores demuestren sus prácticas de ASG y de sostenibilidad.
- La Estrategia Fiscal del Grupo, incluidos sus principios fundamentales, pilares y las comprobaciones de la forma en que funciona en la práctica
- El Marco de Gobernanza Tributaria del Grupo, incluidos los Marcos de Control Fiscal, las Políticas Tributarias del Grupo, la Estrategia contra la Evasión Fiscal y la forma de supervisar su cumplimiento
- La Política de Beneficios Fiscales por Covid-19 del Grupo, que expone detalladamente qué beneficios fiscales no deben aceptarse nunca y cuáles pueden estudiarse cuando exista una necesidad empresarial (el Informe TEC 2020 publica más información al respecto).
- Las expectativas de los asesores, incluyendo la comprensión y el cumplimiento de estas políticas, el conocimiento de las prioridades y las líneas rojas, y las personas de contacto para solicitar orientación adicional.

Como parte del Marco de Control Fiscal que el Grupo ha establecido, se exige a los proveedores clave de todo el mundo que certifiquen anualmente, mediante un formulario por Internet, que conocen y cumplen las políticas cubiertas por esta formación. La formación se ha traducido al español y al portugués en beneficio de los proveedores del Grupo Anglo American ubicados principalmente en Latinoamérica.

Fuente: Anglo American.

Referencias

CIAT (2020), *Manual sobre Gestión de Riesgos de Incumplimiento para Administraciones Tributarias*, https://www.ciat.org/Biblioteca/DocumentosTecnicos/Espanol/2020_Manual-gestion-riesgos_CIAT-SII-FMI.pdf. [5]

Eberhartinger, E. (2021), *Are Risk-based Tax Audit Strategies Rewarded? An Analysis of Corporate Tax Avoidance*, https://doi.org/10.2139/ssrn.3911228. [4]

Goldstraw-White, J. and M. Gill (2016), "Tackling bribery and corruption in the Middle East: perspectives from the front line", *Journal of Financial Crime*, Vol. 23/4, pp. 843-854, https://www.emerald.com/insight/content/doi/10.1108/JFC-08-2015-0040/full/html. [10]

LeBaron, G. (2017), "Steering CSR Through Home State Regulation: A Comparison of the Impact of the UK Bribery Act and Modern Slavery Act on Global Supply Chain Governance", *Global Policy*, Vol. 8/53, pp. 15-28, https://doi.org/10.1111/1758-5899.12398. [11]

Martini, M. (2022), "A review of Brazil approaches to cooperative compliance in light of International Tax Practice and the OECD concept", *Intertax*, Vol. 50/2, pp. 177-195, https://kluwerlawonline.com/journalarticle/Intertax/50.2/TAXI2022016. [2]

OECD (2020), *OECD Public Integrity Handbook*, OECD Publishing, Paris, https://doi.org/10.1787/ac8ed8e8-en. [9]

OECD (2018), *Behavioural Insights for Public Integrity: Harnessing the Human Factor to Counter Corruption*, OECD Public Governance Reviews, OECD Publishing, Paris, https://doi.org/10.1787/9789264297067-en. [8]

OECD (2016), *Co-operative Tax Compliance: Building Better Tax Control Frameworks*, OECD Publishing, Paris, https://doi.org/10.1787/9789264253384-en. [1]

OECD (2014), *Lobbyists, Governments and Public Trust, Volume 3: Implementing the OECD Principles for Transparency and Integrity in Lobbying*, OECD Publishing, https://doi.org/10.1787/9789264214224-en. [12]

OECD (2011), *OECD Guidelines for Multinational Enterprises, 2011 Edition*, OECD Publishing, Paris, https://doi.org/10.1787/9789264115415-en. [6]

Owens, J. (ed.) (2021), *Cooperative Compliance: A Multi-Stakeholder And Sustainable Approach To Taxation*, Wolters Kluwer, https://law-store.wolterskluwer.com/s/product/cooperative-compliance/01t4R00000OVRsq. [3]

The B Team (2018), *A New Bar for Responsible Tax: The B Team Responsible Tax Principles*, https://bteam.org/assets/reports/A-New-Bar-for-Responsible-Tax.pdf. [7]

Notas

[1] La Encuesta Internacional sobre Administración Tributaria (ISORA, por sus siglas en inglés) es una colaboración entre CIAT, FMI, IOTA y OCDE, que han encuestado de manera conjunta a 156 administraciones tributarias.

[2] https://bteam.org/our-thinking/news/responsible-tax

[3] https://bteam.org/our-thinking/news/the-b-team-responsible-tax-principios-in-action-shells-dedication-to-building-confianza-among-all-stakeholders

[4] https://www.oecd.org/corruption/oecdantibriberyconvention.htm

[5] https://www.angloamerican.com/~/media/Files/A/Anglo American-Group/PLC/investors/annual-reporting/2021/tax-strategy-december-2021.Pdf

[6] https://www.angloamerican.com/~/media/Files/A/Anglo American-Group/PLC/investors/annual-reporting/2022/tax-and-economic-contribution-report-2021.pdf

4 Resumen y recomendaciones fundamentales

Este capítulo ofrece un resumen de las principales conclusiones de la investigación y algunas recomendaciones fundamentales que todas las partes interesadas han de tener en cuenta en sus esfuerzos por mejorar la moral tributaria.

Las encuestas de los funcionarios tributarios y de las EMN, junto con los debates en las mesas redondas, sugieren que existe un margen significativo de mejora de la moral tributaria de las EMN y ponen de relieve la importancia de reforzar la confianza. Aunque las encuestas utilizadas en este informe reflejan percepciones y, en consecuencia, están sujetas a salvedades, sugieren que, si bien ciertas EMN muestran una elevada moral tributaria, mediante la adhesión a sus mejores prácticas voluntarias, queda todavía trabajo por hacer, en especial en las regiones en las que la mayoría de las EMN no demuestran una adhesión a las mejores prácticas. Reforzar la confianza es vital pero también es un reto multifacético, siendo las cuestiones clave que han de abordarse la transparencia y la comunicación. Aunque es ingenuo esperar que todas las EMN observen un alto nivel de moral tributaria y mantengan permanentemente buenas relaciones con la administración tributaria, en todas las regiones existe claramente un margen de mejora y buenas prácticas en las que basarse.

Mejorar las relaciones es una solución en la que todos ganan, tanto los contribuyentes como las administraciones tributarias. Las EMN han subrayado reiteradamente la importancia atribuida a la certeza fiscal y a la reducción de las controversias, mientras que las administraciones tributarias pueden lograr muchas ventajas al poder priorizar mejor sus actividades de aplicación de la ley a los contribuyentes de alto riesgo.

La responsabilidad de generar confianza y mejorar la transparencia y la comunicación es compartida ente los contribuyentes (y asesores) y las administraciones. Reforzar la confianza y mejorar la comunicación requiere la actuación de las dos partes de cualquier relación, y lo mismo sucede en materia fiscal. Así lo reconocieron los participantes en las mesas redondas que sirvieron de base a este informe, lo cual pone de manifiesto que todas las partes están dispuestas a identificar los cambios y mejoras que pueden realizar. Una serie de acciones y buenas prácticas identificadas en las mesas redondas y descritas en este informe pueden resultar de utilidad, que tienen por objeto el cumplimiento y las estrategias de inspección, la mejora de las expectativas y de la rendición de cuentas del comportamiento, la transparencia y la comunicación, así como iniciativas de fortalecimiento de capacidades.

Existe un fuerte interés en avanzar hacia un enfoque de cumplimiento cooperativo, lo cual probablemente supondrá un largo camino para muchos países en desarrollo, pero en este itinerario pueden adoptarse muchas medidas que ayudarán a reforzar la confianza. La tendencia hacia el cumplimiento cooperativo es mundial y un creciente número de países en desarrollo están adoptando al menos ciertos elementos de este enfoque. No es posible introducir rápidamente un cumplimiento cooperativo. El cumplimiento cooperativo exige, como requisito previo, un cierto grado de confianza mutua, así como normas y procesos claros que regulen el sistema. Especialmente cuando la confianza se encuentre en su punto más bajo, será necesario realizar en primer lugar otras acciones que establezcan los fundamentos que permitan introducir el cumplimiento cooperativo. La introducción de algunas de estas medidas puede ser relativamente sencilla, por ejemplo, las que se dirigen a mejorar la comunicación, pero pueden ser muy eficaces para generar una dinámica positiva entre los contribuyentes y las administraciones tributarias.

Mejorar las expectativas y la rendición de cuentas en relación con el comportamiento será fundamental para reforzar la confianza. Los datos de las encuestas, tanto de las administraciones tributarias como de las EMN, ponen de relieve que las expectativas y la previsibilidad del comportamiento constituyen un desafío, especialmente en los países en desarrollo. Modificar las percepciones puede ser difícil, ya que éstas pueden persistir aun cuando el comportamiento haya comenzado a cambiar, impidiendo la aparición de un ciclo virtuoso de aumento de las expectativas. Por esta razón, también es necesaria la rendición de cuentas para contribuir a demostrar el compromiso con las normas de comportamiento y asegurar que (cuando exista un auténtico compromiso de cambio), en caso de que no se cumplan las expectativas, existe un procedimiento para abordar los problemas y evitar que se socave la confianza que se ha creado.

La utilidad de los principios empresariales voluntarios es ampliamente reconocida, pero aún no se ha materializado todo su potencial. Los resultados de la encuesta indican que las empresas aún no han podido demostrar una adhesión generalizada a las normas voluntarias más ampliamente respaldadas, más de ocho años después de que fueran acordadas. Aunque existe un amplio acuerdo sobre el papel que pueden jugar esos principios a la hora de construir una relación de confianza con las administraciones tributarias, es evidente que queda mucho trabajo por hacer para demostrar su aplicación en la práctica y mejorar la rendición de cuentas. En reconocimiento de ello, *Business at OCDE* se ha comprometido a revisar su declaración de mejores prácticas a la luz de las conclusiones de la encuesta y de los debates de las mesas redondas, un proceso que contará con el apoyo de la OCDE.

Favorecer un diálogo menos formal entre los contribuyentes y las administraciones deberá ir acompañado de una transparencia efectiva para mantener la confianza de otras partes interesadas. En los debates de las mesas redondas se prestó un apoyo firme a las acciones que faciliten una mejor comunicación entre los contribuyentes y las administraciones, en especial un diálogo menos formal, que pueden contribuir a centrar el diálogo formal en las cuestiones clave y/o resolver los problemas antes de que lleguen a ser controversias en toda regla. Aunque estos enfoques pueden parecer convenientes, aumentan también los riesgos de comportamientos ilegítimos (incluyendo la corrupción/el cohecho), por lo que se requieren salvaguardias claras y una transparencia efectiva que ofrezca garantías a todas las partes interesadas de que pueden confiar en los sistemas que se utilizan. Sin tales salvaguardias existe el riesgo de que la moral tributaria de otros contribuyentes (por ejemplo, las PYME y los particulares) se vea socavada si perciben que el diálogo entre la administración tributaria y las EMN es ilegítimo (por ejemplo, la concesión de «acuerdos»).

Las iniciativas de fortalecimiento de capacidades, tanto en el sector público como en el privado, pueden ayudar a superar algunos de los obstáculos que se oponen a la creación de confianza, pero pueden ser necesarios nuevos enfoques. Cada vez hay más pruebas del potencial de las iniciativas de fortalecimiento de capacidades, tales como IFSF, para ayudar a mejorar las relaciones entre las administraciones tributarias y las EMN, y para hacer seguimiento de los impactos se examina cada vez más el efecto en el cumplimiento, en lugar de en la aplicación coercitiva. Las aptitudes técnicas que normalmente son el centro de la asistencia técnica son vitales, pero es preciso reforzar también capacidades en competencias profesionales más amplias, como la comunicación efectiva, la negociación y el diálogo con los contribuyentes, que hasta el momento no han recibido tanta atención de la asistencia técnica. Asimismo, las empresas deben reflexionar sobre sus necesidades de fortalecimiento de capacidades, especialmente en sus operaciones en países en desarrollo, a fin de garantizar que su personal conoce y puede cumplir las expectativas tanto de sus propios principios empresariales como de las administraciones tributarias.

Aunque algunas de las mejores prácticas señaladas en este informe son aplicables de forma inmediata, es preciso continuar trabajando para analizar los problemas identificados en este informe y desarrollar algunas de las acciones indicadas. El presente informe describe algunas de las mejores prácticas que los países y las empresas pueden adoptar de forma inmediata, si procede, y en algunos casos (p. ej., los MCF) cuando ya existan orientaciones, así como nuevas ideas que requieran un estudio adicional. Asimismo, este informe identifica algunas áreas en las que puede ser necesario desarrollar más el fortalecimiento de capacidades, como en las cadenas de valor y el cumplimiento cooperativo, o en las que se requiere más investigación, como una mejor comprensión de la forma en que las diferencias culturales y los sesgos de percepción pueden afectar a la creación de una relación de confianza en materia de impuestos. Así pues, cabe adoptar una serie de acciones como respuesta a las conclusiones de este informe, a saber:

- **Fomentar el desarrollo de estrategias a nivel nacional para reforzar la confianza y la moral tributaria.** Especialmente cuando los niveles actuales de confianza son bajos y las relaciones tensas, (re)construir la confianza llevará tiempo y requerirá un esfuerzo sostenido. Formular una estrategia clara, en consulta con las administraciones tributarias, las EMN y otras partes interesadas, puede contribuir a impulsar los cambios señalados, con el apoyo no solo del gobierno y las EMN, sino también de los socios de desarrollo para ayudar en la ejecución. Esas estrategias pueden incorporar, cuando proceda, los enfoques descritos en el presente informe; una mayor recopilación y difusión de las mejores prácticas y orientaciones puede ser útil para ayudar a los países a formular esas estrategias.

- **Mejorar el fortalecimiento de las capacidades existentes y, cuando sea necesario, desarrollar nuevas herramientas de fortalecimiento de capacidades, orientaciones y programas para responder a las demandas identificadas en este informe y en las mesas redondas.** Existe un claro potencial para un fortalecimiento de capacidades nuevo/adicional en varias áreas:
    - Cumplimiento cooperativo – sobre la base de las publicaciones existentes en materia de cumplimiento cooperativo, podrían formularse nuevas orientaciones y formación, haciendo especial hincapié en la forma de fomentar el cumplimiento cooperativo en los países en desarrollo.
    - Cadenas de valor – pueden desarrollarse nuevas orientaciones y formación sobre cadenas de valor en distintos sectores, y habida cuenta de los problemas que han surgido anteriormente para conseguir la participación necesaria del sector privado en esta formación, puede resultar beneficios centrarse en un primer momento en desarrollar cursos de aprendizaje electrónico, que permiten una participación más flexible de los intervinientes.
    - Ética y competencias profesionales – los actuales programas de fortalecimiento de capacidades pueden cubrir con frecuencia aspectos relativos a la ética y competencias profesionales, pero existe margen para prestar una mayor atención a estas cuestiones y garantizar que se aborden y prioricen de forma más sistemática.
- **Reforzar la función de los principios empresariales/mejores prácticas.** Las respuestas a la encuesta pusieron de relieve tanto el apoyo a los principios empresariales/mejores prácticas como el potencial no realizado de los mismos. Existe la posibilidad de que las empresas examinen los principios/mejores prácticas y la forma de mejorarlos, así como la forma en que las empresas se hacen responsables de ellos. También es posible que las administraciones tributarias (y otras partes interesadas) indiquen formas de conseguir que las empresas cumplan estas normas, por ejemplo incorporándolas a los marcos nacionales de rendición de cuentas.
- **Estudiar la viabilidad de un diálogo multilateral voluntario.** Si bien los participantes en las mesas redondas mostraron interés en crear oportunidades de diálogo multilateral voluntario entre las EMN y las diversas administraciones tributarias, la demanda y la viabilidad práctica no se han estudiado con detenimiento. Por lo tanto, sería útil realizar un estudio de viabilidad y, de ser positivo, podría ir seguido de un programa piloto.
- **Llevar a cabo más investigaciones sobre los elementos que influyen en la construcción de relaciones eficaces.** Reforzar la confianza y crear unas relaciones eficaces es claramente una cuestión fundamental señalada en este informe y, en gran medida las acciones que deban tomarse serán específicas para el contexto. Sin embargo, puede ser útil seguir investigando para aumentar la comprensión del papel que factores como el sesgo de percepción juegan en las relaciones entre los contribuyentes y las administraciones tributarias.
- **Apoyar un mayor compromiso de todas las partes interesadas para reforzar la confianza y la moral tributaria.** Como se subraya en este informe, se requieren acciones de todas las partes interesadas para reforzar la confianza que constituye el fundamento de la moral tributaria, y para realizar tales acciones será preciso destinar recursos, pero también aplicar un enfoque que fomente la apertura, la transparencia y el diálogo. Para algunos (posiblemente muchos) contribuyentes y administraciones tributarias, este enfoque puede resultar un tanto extraño y requerirá un estímulo sostenido por parte de todas las partes interesadas.

Como parte de su línea de trabajo en materia de moral tributaria, la OCDE buscará seleccionar y trabajar con una serie de socios para llevar a cabo las acciones señaladas en este informe, en particular integrándolas en las iniciativas de fortalecimiento de capacidades de la OCDE en la medida de lo posible. Asimismo, la OCDE intentará identificar oportunidades que promuevan un diálogo más amplio sobre moral tributaria, más allá del enfoque adoptado en este informe que se centra específicamente en la función que desempeña la confianza. Siempre que sea posible, la OCDE buscará establecer vínculos y trabajar con otras partes interesadas, que pueden disponer de diferentes herramientas para influir en la moral tributaria, por ejemplo, con los inversionistas que cada vez prestan más atención a los asuntos fiscales, especialmente con respecto a las consideraciones ASG.

Anexo A. Resultados de la encuesta de percepciones de los funcionarios de administraciones tributarias

Tabla A A.1. Percepciones del comportamiento de las grandes empresas/EMN

1. Cuando piensa en las grandes empresas/EMN de su país, ¿cree que son correctas las siguientes afirmaciones?:				
	África	Asia	OCDE	LAC
A. *Las grandes empresas/EMN son transparentes y abiertas con las autoridades tributarias en lo que respecta a sus asuntos fiscales e información pertinente*				
Sí, casi todas las grandes empresas/EMN	6%	9%	13%	4%
Sí, la mayoría de las grandes empresas/EMN	38%	45%	51%	27%
Alrededor de la mitad de grandes empresas/EMN	19%	21%	22%	26%
No, solo algunas grandes empresas/EMN	30%	21%	12%	33%
Casi ninguna gran empresa/EMN	7%	4%	1%	10%
B. *Se puede confiar en la información fiscal proporcionada por las grandes EMN a las autoridades tributarias.*				
Sí, casi todas las grandes empresas/EMN	4%	8%	15%	3%
Sí, la mayoría de las grandes empresas/EMN	39%	45%	59%	34%
Alrededor de la mitad de grandes empresas/EMN	24%	28%	21%	25%
No, solo algunas grandes empresas/EMN	26%	17%	5%	31%
Casi ninguna gran empresa/EMN	7%	2%	1%	7%
C. *Las grandes empresas/EMN responden a las solicitudes de información de la autoridad tributaria dentro de los plazos especificados*				
Sí, casi todas las grandes empresas/EMN	16%	17%	27%	11%
Sí, la mayoría de las grandes empresas/EMN	34%	45%	48%	44%
Alrededor de la mitad de grandes empresas/EMN	18%	22%	19%	22%
No, solo algunas grandes empresas/EMN	27%	13%	5%	16%
Casi ninguna gran empresa/EMN	5%	2%	1%	7%
D. *Las grandes empresas/EMN presentan la información pertinente solicitada en la forma correcta.*				
Sí, casi todas las grandes empresas/EMN	9%	14%	24%	5%
Sí, la mayoría de las grandes empresas/EMN	45%	47%	51%	39%
Alrededor de la mitad de grandes empresas/EMN	21%	22%	20%	25%
No, solo algunas grandes empresas/EMN	19%	15%	4%	21%
Casi ninguna gran empresa/EMN	6%	2%	1%	9%
E. *Las grandes empresas/EMN están dispuestas a cooperar con las autoridades tributarias.*				
Sí, casi todas las grandes empresas/EMN	13%	17%	24%	8%
Sí, la mayoría de las grandes empresas/EMN	48%	51%	60%	41%
Alrededor de la mitad de grandes empresas/EMN	20%	19%	10%	23%
No, solo algunas grandes empresas/EMN	18%	13%	4%	21%
Casi ninguna gran empresa/EMN	2%	1%	2%	7%

2. Cuando piensa en las grandes empresas/EMN de su país, califique las siguientes afirmaciones según esta escala				
	África	Asia	OCDE	LAC
A. *Ante la solicitud de las autoridades tributarias, las grandes empresas/EMN responden de manera abierta, transparente y directa*				
Casi todas las grandes empresas/EMN	4%	8%	13%	4%
La mayoría de grandes empresas/EMN	39%	39%	51%	34%
Alrededor de la mitad de grandes empresas/EMN	17%	29%	30%	27%
Algunas grandes empresas/EMN	36%	21%	5%	28%
Casi ninguna gran empresa/EMN	4%	3%	1%	8%
B. *Las grandes empresas/EMN pagan sus obligaciones tributarias dentro de la fecha de vencimiento establecida (o dentro de un plazo razonable cuando no se establecen dichas fechas de vencimiento).*				
Casi todas las grandes empresas/EMN	22%	23%	50%	34%
La mayoría de grandes empresas/EMN	58%	54%	42%	51%
Alrededor de la mitad de grandes empresas/EMN	11%	13%	6%	9%
Algunas grandes empresas/EMN	8%	9%	2%	5%
Casi ninguna gran empresa/EMN	2%	2%	1%	1%
3. Cuando el contribuyente no dispone de la información solicitada por las autoridades tributarias, ¿la EMN / gran empresa en cuestión dio una explicación justificada y colaboró con las autoridades?				
	África	Asia	OCDE	LAC
Casi siempre se proporciona	8%	8%	21%	12%
En la mayoría de los casos	42%	45%	57%	38%
En algunos casos	40%	38%	18%	40%
En la mayoría los casos no	9%	7%	1%	8%
Casi nunca	1%	1%	2%	2%
4. En caso de desacuerdos en la interpretación de la ley por las autoridades tributarias, ¿las empresas suelen mostrarse cooperadoras para identificar el problema e intentar resolverlo?				
	África	Asia	OCDE	LAC
Sí, casi todas las grandes empresas/EMN.	15%	18%	17%	11%
Sí, la mayoría de las grandes empresas/EMN.	48%	50%	61%	38%
Alrededor de la mitad de grandes empresas/EMN.	9%	15%	16%	18%
No, solo algunas grandes empresas/EMN.	27%	15%	5%	21%
Casi ninguna gran empresa/EMN.	1%	1%	2%	12%
5. En su Administración Tributaria, cuando se inspecciona a una gran empresa/EMN, ¿con qué frecuencia surgen controversias significativas?				
	África	Asia	LAC	OCDE
Casi siempre.	14%	8%	27%	4%
Muy a menudo.	35%	35%	41%	29%
A veces.	46%	48%	27%	59%
Muy raramente.	6%	7%	6%	9%
Nunca.	0%	1%	0%	0%
6. ¿En qué medida está de acuerdo con la siguiente afirmación? Responda de acuerdo a la siguiente escala:				
"Cuando se ha producido un desacuerdo entre una gran empresa / EMN y las autoridades tributarias, la empresa afectada ha estado abierta a considerar procedimientos de resolución alternativa de controversias (mediación / arbitraje)".				
	África	Asia	OCDE	LAC
Casi todas las grandes empresas/EMN están abiertas a considerar procedimientos de resolución.	17%	18%	14%	9%
La mayoría de grandes empresas/EMN están abiertas a considerar procedimientos de resolución.	44%	39%	43%	28%
Alrededor de la mitad de grandes empresas/EMN están abiertas a considerar procedimientos de resolución.	11%	14%	17%	14%
Algunas grandes empresas/EMN están abiertas a considerar procedimientos de resolución.	25%	25%	20%	25%
Casi ninguna gran empresa/EMN está abierta a considerar procedimientos de resolución.	4%	4%	6%	24%
7. Según su experiencia, al discutir o tratar de resolver cuestiones de controversias con grandes empresas/EMN, la actitud de estas ha sido:				
	África	Asia	OCDE	LAC

Cooperadora, en casi todos los casos.	24%	23%	35%	17%
Cooperadora, en algunos casos.	66%	56%	46%	51%
Ni cooperadora ni no cooperadora.	5%	12%	14%	15%
No cooperadora, en algunos casos.	5%	8%	5%	13%
No cooperadora en absoluto.	1%	1%	0%	5%

8. En el transcurso de negociaciones o procedimientos alternativos de resolución de controversias, las grandes empresas / EMN han actuado de buena fe y no han tratado de ejercer una influencia ilegal en el proceso:

	África	Asia	OCDE	LAC
Casi siempre han actuado de buena fe.	9%	14%	31%	11%
En la mayoría de los casos han actuado de buena fe.	45%	47%	45%	36%
En algunos casos han actuado de buena fe.	41%	28%	15%	35%
Nunca han actuado de buena fe.	1%	2%	0%	6%
Mi jurisdicción no contempla procedimientos de resolución alternativa de controversias.	4%	8%	10%	13%

9. En términos de su comportamiento fiscal, cree que las empresas locales, en comparación con las grandes empresas / EMN...

	África	Asia	OCDE	LAC
Las empresas locales son más cumplidoras que las EMN.	19%	15%	21%	24%
Las empresas locales son igual de cumplidoras que las EMN.	51%	51%	40%	45%
Las empresas locales son menos cumplidoras que las EMN.	30%	35%	39%	31%

10. ¿En qué medida su país ofrece incentivos fiscales a las grandes empresas / EMN (en la legislación general, no como fruto de contratos bilaterales) como una herramienta para atraer inversiones?

	África	Asia	OCDE	LAC
En gran medida (casi todas las grandes empresas/EMN son elegibles).	24%	22%	15%	26%
Hasta cierto punto.	35%	33%	34%	18%
Solo para sectores concretos.	38%	35%	10%	47%
En pequeña medida.	1%	4%	14%	6%
No ofrecemos incentivos fiscales a grandes empresas / empresas multinacionales.	2%	6%	27%	3%

11. ¿Cree que la mayoría de las grandes empresas/EMN utilizan los incentivos fiscales de la forma en que su gobierno de origen o su legislación lo pretendían? Responda en términos de porcentaje de todas las empresas:

	África	Asia	OCDE	LAC
Casi todas las grandes empresas/EMN utilizan los incentivos fiscales según lo previsto.	10%	20%	18%	13%
La mayoría de las grandes empresas/EMN utilizan los incentivos fiscales según lo previsto.	40%	38%	52%	35%
Casi la mitad de las grandes empresas/EMN utilizan los incentivos fiscales según lo previsto.	11%	25%	15%	16%
Algunas grandes empresas/EMN utilizan los incentivos fiscales según lo previsto.	33%	12%	12%	29%
Casi ninguna gran empresa/EMN utiliza los incentivos fiscales según lo previsto.	5%	4%	2%	7%

12. Cuando piensa en las grandes empresas/EMN de su país, ¿cree que son correctas las siguientes afirmaciones?:

	África	Asia	OCDE	LAC
A. *"Las empresas presionan al gobierno para obtener incentivos fiscales individuales al margen de la legislación vigente."*				
Casi todas las grandes empresas/EMN	12%	5%	8%	17%
La mayoría de grandes empresas/EMN	19%	16%	16%	30%
Alrededor de la mitad de grandes empresas/EMN	7%	14%	14%	10%
Solo algunas grandes empresas/EMN	42%	44%	37%	31%
Casi ninguna gran empresa/EMN	20%	21%	25%	12%
B. *"Las empresas pretende solicitar incentivos fiscales/exenciones que no están previstas en el marco legal, reglamentario o administrativo."*				
Casi todas las grandes empresas/EMN	8%	4%	5%	12%
La mayoría de grandes empresas/EMN	15%	16%	7%	21%
Alrededor de la mitad de grandes empresas/EMN	9%	12%	11%	10%
Solo algunas grandes empresas/EMN	39%	39%	41%	34%
Casi ninguna gran empresa/EMN	29%	28%	35%	22%

13. ¿Tiene su administración tributaria directrices/orientaciones/ procedimientos claros para gestionar la relación entre las autoridades tributarias y las grandes empresas/EMN?

	África	Asia	OCDE	LAC
Sí, existe un procedimiento detallado.	52%	53%	50%	35%
Hasta cierto punto: existe un procedimiento limitado o general.	36%	38%	37%	47%
No, no hay un procedimiento específico establecido.	11%	9%	13%	18%

14. ¿Tiene la impresión de que la mayoría de las grandes empresas/EMN siguen estas directrices/procedimientos cuando tratan con funcionarios de la autoridad tributaria?:

	África	Asia	OCDE	LAC
Sí, casi todas las grandes empresas/EMN.	18%	20%	27%	13%
Sí, la mayoría de las grandes empresas/EMN.	60%	56%	51%	45%
Alrededor de la mitad de grandes empresas/EMN.	9%	13%	11%	14%
No, solo algunas grandes empresas/EMN.	7%	6%	6%	19%
No, casi ninguna gran empresa/EMN.	6%	5%	5%	10%

15. Las grandes empresas/EMN generalmente no intentan sobornar a los funcionarios tributarios para obtener resultados beneficiosos. Responda según su nivel de acuerdo:

	África	Asia	OCDE	LAC
Casi todas las grandes empresas/EMN intentan sobornar a los funcionarios tributarios.	29%	51%	81%	41%
Algunas grandes empresas/EMN intentan sobornar a los funcionarios tributarios.	50%	26%	5%	31%
Casi la mitad de las grandes empresas/EMN intentan sobornar a los funcionarios tributarios.	5%	7%	4%	8%
Casi todas las grandes empresas/EMN intentan sobornar a los funcionarios tributarios.	9%	10%	7%	12%
La mayoría de las grandes empresas/EMN intentan sobornar a los funcionarios tributarios.	7%	5%	3%	8%

16. Según mi experiencia, en mi país, cuando se les ha pedido que explicaran sus prácticas fiscales públicamente (es decir, en los medios de comunicación, a la sociedad civil o en el parlamento), la actitud de las grandes empresas/EMN ha sido:

	África	Asia	OCDE	LAC
Han estado dispuestas a explicar su posición, en la mayoría de los casos.	19%	29%	41%	13%
Han rechazado discutir públicamente sus prácticas tributarias, en la mayoría de los casos.	20%	15%	21%	19%
Nunca me he encontrado con este caso.	61%	56%	38%	68%

17. ¿Había oído hablar de la Declaración de mejores prácticas tributarias para interactuar con las autoridades fiscales en los países en desarrollo de BIAC (Business at OECD) antes de contestar a esta encuesta?

	África	Asia	OCDE	LAC
Sí.	23%	34%	33%	36%
No.	77%	66%	67%	64%

18. ¿Considera que la Declaración de mejores prácticas de Business at OCDE es útil para mejorar la relación entre las empresas y las autoridades tributarias?

	África	Asia	OCDE	LAC
Sí.	80%	87%	85%	92%
No.	20%	13%	15%	8%

19. ¿Cree que la Declaración de mejores prácticas de Business at OCDE puede mejorarse?				
	África	Asia	OCDE	LAC
Sí.	55%	60%	48%	50%
No.	45%	40%	52%	50%

Nota: Media regional simple. Los países se ponderan para que ningún país represente más del 10% de su muestra regional
Fuente: OCDE (2020) Encuesta sobre el comportamiento tributario de las EMN y las Cuatro Grandes

Tabla A A.2. Percepciones del comportamiento de las Cuatro Grandes

20. ¿En qué medida está de acuerdo con las siguientes afirmaciones basadas en los principios de conducta establecidos por las Cuatro Grandes? "Las Cuatro Grandes, en mi jurisdicción..."				
	África	Asia	OCDE	LAC
A. *Cooperan con las autoridades fiscales.*				
Sí, en la mayoría de los casos.	50%	45%	58%	27%
Sí, en algunos casos.	38%	44%	34%	41%
Sólo en pocos casos.	11%	7%	8%	26%
Nunca.	2%	4%	0%	6%
B. *Solo promueven una planificación fiscal alineada con el contenido (es decir, no promueven estructuras de planificación fiscal artificiales).*				
Sí, en la mayoría de los casos.	19%	22%	29%	17%
Sí, en algunos casos.	49%	53%	45%	44%
Sólo en pocos casos.	28%	21%	23%	30%
Nunca.	5%	5%	3%	9%
C. *Siguen el espíritu/intención de las leyes fiscales (es decir, no intentan aprovechar las lagunas de la legislación nacional para obtener ventajas fiscales para sus clientes).*				
Sí, en la mayoría de los casos.	23%	26%	22%	19%
Sí, en algunos casos.	37%	45%	48%	36%
Sólo en pocos casos.	33%	24%	24%	33%
Nunca.	7%	5%	6%	12%
D. *Son transparentes con las autoridades fiscales, proporcionando toda la información pertinente cuando se les solicita.*				
Sí, en la mayoría de los casos.	26%	27%	31%	18%
Sí, en algunos casos.	46%	46%	52%	45%
Sólo en pocos casos.	24%	22%	15%	30%
Nunca.	4%	6%	2%	6%
21. En mi opinión, las Cuatro Grandes podrían ser contratadas para prestar servicios al gobierno en (marque todas las opciones aplicables):				
	África	Asia	OCDE	LAC
Asesoramiento sobre política tributaria nacional.	52%	45%	25%	22%
Asesoramiento sobre política tributaria internacional.	55%	49%	31%	30%
Asesoramiento sobre la forma de mejorar la administración tributaria.	55%	43%	31%	25%
Impartir formación técnica a los funcionarios tributarios.	38%	38%	32%	33%
Subcontratación de funciones de recaudación de impuestos.	17%	7%	2%	7%

22. En su opinión, las actividades y el asesoramiento de las Cuatro Grandes alientan a sus clientes a:	África	Asia	OCDE	LAC
Ser más cumplidores y con voluntad de pagar impuestos en mi país.	60%	65%	40%	33%
No tienen influencia en el cumplimiento y voluntad de pagar impuestos de sus clientes.	26%	24%	34%	31%
Ser menos cumplidores y con menor voluntad de pagar impuestos en mi país.	14%	11%	26%	36%
23. En comparación con los asesores fiscales locales, ¿cree que las Cuatro Grandes:				
	África	Asia	OCDE	LAC
Recomiendan a sus clientes mayor agresividad en las estrategias fiscales.	45%	43%	41%	58%
Recomiendan a sus clientes menor agresividad en las estrategias fiscales.	20%	23%	16%	12%
No hay diferencia en la forma en que los asesores locales y las Cuatro Grandes asesoran a sus clientes.	35%	34%	43%	30%
24. En su opinión, ¿hasta qué punto las Cuatro Grandes utilizan su poder para ejercer presión o influir en favor de sus clientes?:				
	África	Asia	OCDE	LAC
A. *Influir en las decisiones de la autoridad tributaria en casos individuales.*				
No tienen el poder de presionar/influir.	22%	23%	18%	26%
Su poder de presionar/influir se utiliza legítimamente.	40%	47%	57%	33%
A veces usan su poder ilegítimamente	35%	26%	19%	29%
A menudo usan su poder ilegítimamente.	4%	4%	6%	12%
B. *Influir en las políticas y leyes tributarias del país.*				
No tienen el poder de presionar/influir.	23%	21%	11%	25%
Su poder de presionar/influir se utiliza legítimamente.	43%	53%	62%	38%
A veces usan su poder ilegítimamente	27%	20%	22%	22%
A menudo usan su poder ilegítimamente.	7%	6%	6%	15%

Nota: Media regional simple. Los países se ponderan para que ningún país represente más del 10% de su muestra regional
Fuente: OCDE (2020) Encuesta sobre el comportamiento tributario de las EMN y las Cuatro Grandes

Tabla A A.3. Percepciones sobre la retención del personal

26. Finalmente, la OCDE también está interesada en comprender mejor los desafíos de la retención de personal en la administración tributaria. En los últimos 5 años en su equipo, ¿qué porcentaje de personal se ha ido al sector privado?	África	Asia	OCDE	LAC
0% de nuestro personal se ha ido al sector privado en los últimos 5 años.	34%	37%	17%	27%
10-20% de nuestro personal.	50%	47%	58%	51%
21-40% de nuestro personal.	10%	10%	21%	13%
41-60% de nuestro personal.	3%	5%	3%	8%
Más del 60% de nuestro personal.	2%	1%	1%	1%
27. ¿Y a las Cuatro Grandes?				
	África	Asia	OCDE	LAC
0% de nuestro personal se ha ido al sector privado en los últimos 5 años.	52%	54%	31%	55%
10-20% de nuestro personal.	38%	36%	59%	37%
21-40% de nuestro personal.	8%	7%	10%	6%
41-60% de nuestro personal.	2%	2%	0%	1%
Más del 60% de nuestro personal.	1%	1%	1%	1%
28. En los últimos 5 años en su equipo, ¿con qué frecuencia su Administración ha reclutado personal del sector privado y/o de las Cuatro Grandes?				
	África	Asia	OCDE	LAC
0% de nuestro personal se ha ido al sector privado en los últimos 5 años.	55%	54%	37%	34%
10-20% de nuestro personal.	30%	35%	47%	40%
21-40% de nuestro personal.	9%	7%	13%	15%
41-60% de nuestro personal.	4%	2%	3%	7%

Más del 60% de nuestro personal.	2%	2%	1%	5%

29. En su opinión, ¿cuáles son las razones principales por las que las EMN y/o las Cuatro Grandes buscan contratar funcionarios públicos de la Administración tributaria? (Marque todas las opciones aplicables):

	África	Asia	OCDE	LAC
Para acceder a su experiencia trabajando dentro de la administración tributaria.	81%	57%	70%	76%
Para acceder a las redes y contactos de los funcionarios públicos.	42%	38%	39%	34%
Porque están mejor capacitados o más cualificados que el personal del sector privado.	34%	28%	39%	22%
Para influir directamente en una controversia fiscal en curso.	28%	15%	12%	19%
Otro	12%	2%	1%	3%

Nota: Media regional simple. Los países se ponderan para que ningún país represente más del 10% de su muestra regional
Fuente: OCDE (2020) Encuesta sobre el comportamiento tributario de las EMN y las Cuatro Grandes

Anexo B. Resultados de la encuesta de certeza fiscal de EMN

Tabla A B.1. Desglose regional de las respuestas de las EMN a las preguntas sobre las causas de incertidumbre fiscal

		África		Asia		LAC		OCDE	
		Media	Posición	Media	Posición	Media	Posición	Media	Posición
Sistemas jurídicos	Legislación fiscal poco clara y mal redactada	3.7	1	3.4	8	3.6	8	3.3	2
	Complejidad de la legislación tributaria	3.2	16	3.2	12	3.7	3	3.2	3
	Cambios frecuentes en el sistema legal tributario, las normas y orientaciones	3.1	19	3	20	3.5	15	3.2	4
	Modificaciones retroactivas en la legislación fiscal	3.1	18	3.1	16	3.2	19	2.9	11
	Inexistencia de prescripción	2.8	21	2.8	21	2.8	21	2.4	19
	Incertidumbre sobre la posibilidad de obtener la desgravación de las retenciones fiscales	3.7	2	3.4	6	3.5	13	2.7	16
Administración tributaria	Burocracia considerable para cumplir la legislación tributaria	3.6	4	3.6	2	3.9	1	3.3	1
	Tratamiento impredecible o incongruente por parte de la autoridad tributaria	3.7	3	3.9	1	3.9	2	3.1	6
	Estructura de incentivos de la administración tributaria no alineada con un trato equitativo de los contribuyentes	3.3	15	3.1	17	3.4	16	2.7	15
	Relación general deficiente con la autoridad tributaria	3	20	3	19	3.1	20	2.7	17
	Incapacidad para lograr desde un primer momento certeza de manera proactiva a través de resoluciones u otros mecanismos similares	3.4	9	3.4	4	3.5	11	2.9	9
	Corrupción en el sistema tributario	3.3	14	3.2	13	3.7	6	2.4	20
Resolución de controversias	Proceso prolongado para la adopción de decisiones por juzgados, tribunales u otros organismos pertinentes	3.4	8	3.3	10	3.7	4	3.1	5
	Tratamiento impredecible e incongruente por parte de los tribunales	3.3	11	3.4	5	3.6	7	2.9	12
	Falta de decisiones publicadas que aclaren la interpretación	3.3	13	3.2	14	3.2	18	2.6	18
	Corrupción en el sistema de adjudicación	3.3	12	3.1	18	3.5	12	2.3	21
	Discrepancias entre las autoridades tributarias en su	3.6	5	3.6	3	3.7	5	3.1	7

Dimensiones internacionales	interpretación de las normas fiscales internacionales							
	Conflictos entre normas internacionales	3.1	17	3.4	7	3.4	17	2.8	14
	Legislación fiscal no acorde con la evolución de los nuevos modelos de negocio	3.4	10	3.2	15	3.6	9	3.1	8
	Falta de comprensión de las empresas internacionales	3.5	7	3.3	11	3.5	14	2.9	10
	Falta de conocimientos en materia de administración tributaria sobre aspectos de la fiscalidad internacional	3.5	6	3.3	9	3.5	10	2.9	13

Nota: Resultados de la pregunta: «Según su experiencia, indique hasta qué punto ha sido importante cada uno de los siguientes factores a efectos de incrementar la incertidumbre general en materia fiscal en los países que ha seleccionado» Los encuestados podrían elegir entre una escala de 5 a 1, donde 5 es extremadamente importante y una cifra inferior indica que el factor es progresivamente menos importante. No todos los encuestados calificaron cada factor, el número de respuestas por factor se registra en la columna Obs. La columna relativa a la Posición indica la clasificación (1-25) de cada factor para cada región.
La pregunta recogida en este cuadro se realizó por separado para cada país seleccionado por los encuestados, cada encuestado podía seleccionar un máximo de 4 países.
Fuente: OCDE (2016) Encuesta de certeza fiscal

Tabla A B.2. Desglose regional de las respuestas a las preguntas sobre las herramientas o enfoques que son más importantes para mejorar la certeza fiscal

		África		Asia		LAC		OCDE	
		Media	Posición	Media	Posición	Media	Posición	Media	Posición
Diseño y Legislación de la Política Tributaria	Anuncio por anticipado de las modificaciones del sistema legal tributario	4.1	6	3.9	6	4	4	3.9	6
	Orientación detallada en normativa fiscal	4.3	1	4	3	4	6	4	4
	Reducción de la extensión y complejidad de la legislación tributaria	3.8	9	3.6	13	3.9	8	3.8	8
	Reducción de la frecuencia de las modificaciones de la legislación tributaria	4.1	3	3.8	7	3.9	9	4.1	1
	Consulta oportuna con los contribuyentes cuando se introducen cambios	4	7	3.6	12	3.9	11	3.7	10
	Legislación tributaria nacional en consonancia con las normas fiscales internacionales	4.1	5	4.1	2	4.1	2	3.9	5
	Reducción de la burocracia para cumplir la legislación tributaria	4.1	4	3.7	9	4.1	3	4	2
	Consenso internacional sobre los principios generales de la certeza fiscal	3.7	12	3.9	5	3.7	13	3.7	13
	Simplificación y eficacia de los sistemas de devolución de las retenciones fiscales	3.5	18	3.7	8	3.6	17	3.6	16
	Uso de normas claras y objetivas	3.6	16	3.4	17	3.5	19	3.4	18

Administración tributaria	Mayor transparencia de las administraciones tributarias en relación con sus sistemas de cumplimiento	3.7	13	3.7	10	4	5	3.8	7
	Mayor transparencia de las administraciones tributarias en relación con sus protocolos de evaluación de riesgos	3.6	17	3.5	14	3.8	12	3.7	11
	Programas de cumplimiento cooperativo en una sola jurisdicción	3.5	19	3.2	21	3.5	20	3.4	20
	Existencia de sistemas simplificados de cumplimiento fiscal, p. ej., puertos seguros («safe harbours»)	3.9	8	3.5	16	3.7	14	3.5	17
	Acuerdos sobre precios de transferencia (APA) en una sola jurisdicción	3.5	20	3.4	19	3.5	21	3.3	21
	Otros regímenes de resoluciones	3.4	23	3.1	22	3.4	24	3.1	24
	Comunicación oportuna con la autoridad tributaria durante las inspecciones fiscales	3.7	14	3.4	18	3.6	15	3.6	14
	Programas de fortalecimiento de capacidades para autoridades tributarias	3.4	22	3	24	3.4	22	3.1	23
	Comunicación eficiente entre los contribuyentes y la administración, p. ej., por medios digitales	3.8	10	3.3	20	3.9	10	3.7	12
Resolución de controversias	Regímenes nacionales eficaces de solución de controversias	4.3	2	4.1	1	4.2	1	4	3
	Procedimiento de acuerdo mutuo MAP	3.7	15	3.9	4	4	7	3.8	9
	Arbitraje obligatorio y vinculante	3.8	11	3.6	11	3.6	18	3.6	15
Dimensiones internacionales específicas	Programas multilaterales de cumplimiento cooperativo en colaboración con otras jurisdicciones	3.3	24	3	23	3.4	23	3.3	22
	APA multilaterales en colaboración con otras jurisdicciones	3.4	21	3.5	15	3.6	16	3.4	19
	Inspecciones multilaterales en colaboración con otras jurisdicciones	3.1	25	2.7	25	3.2	25	3	25

Nota: Resultados de la pregunta: «¿Cuál de las siguientes herramientas ha aumentado o podría aumentar la certeza en el sistema fiscal?» Los encuestados podían elegir entre una escala de 5 a 1, donde 5 es la herramienta específica que ha aumentado o podría aumentar sustancialmente la certeza, y las cifras inferiores corresponden a herramientas que son progresivamente menos importantes. No todos los encuestados calificaron cada factor, el número de respuestas por factor se registra en la columna Obs. La columna relativa a la Posición indica la clasificación (1-21) de cada factor para cada región
Fuente: OCDE (2016) Encuesta de certeza fiscal

Anexo C. Metodología

Los resultados obtenidos para este informe se basan en tres ejercicios diferentes y en trabajos previos de la OCDE.

La encuesta: Percepción del comportamiento fiscal de las EMN/grandes empresas y de las Cuatro Grandes

Los resultados obtenidos para la publicación se han basado en una encuesta de percepción realizada por la OCDE en inglés, francés, español y árabe durante el último trimestre de 2019 y el primer trimestre de 2020. La encuesta de distribuyó entre los funcionarios tributarios participantes en los eventos y formación de Relaciones Globales de la OCDE; además se solicitó a los representantes de los países de la OCDE que la remitieran a los funcionarios de sus respectivas Administraciones. Aunque la encuesta fue anónima, se pidió a los encuestados que identificaran su país, función / unidad, años de experiencia y ámbito.

La encuesta pretendía recoger las percepciones que los funcionarios tributarios tienen sobre el comportamiento fiscal de las grandes empresas/multinacionales y de las Cuatro Grandes consultoras. Las «Cuatro Grandes» son las cuatro mayores compañías de consultoría y auditoría (Deloitte, EY, KPMG y PricewaterhouseCoopers).

La encuesta se basó en los principios tributarios responsables y los códigos de conducta voluntarios adoptados por las empresas, más específicamente, en la Declaración de mejores prácticas tributarias de la OCDE para interactuar con las autoridades fiscales en los países en desarrollo, elaborada por BIAC (Business at OECD, 2013[1]), y en los Códigos de conducta para una práctica tributaria responsable de las Cuatro Grandes, en su caso (no todas las Cuatro Grandes tienen tales códigos de conducta). Estos principios y códigos de conducta describen los estándares de comportamiento que se esperan por parte de las empresas en una variedad de áreas tales como cumplimiento, comunicación y transparencia.

La encuesta se dividió en dos secciones, la primera sobre las percepciones del comportamiento de las EMN/grandes empresas y la segunda sobre el comportamiento de las Cuatro Grandes consultoras. Para las EMN/grandes empresas, la encuesta abordó las siguientes cuestiones:

- **Transparencia y confianza**
- **Resolución de controversias**
- **Actividades de presión política**
- **Retención del personal**
- **Capacidad de respuesta a las solicitudes**
- **Puntualidad de pagos**
- **Cohecho**
- **Opiniones sobre los principios voluntarios**
- **Compromiso con la cooperación**
- **Incentivos fiscales**
- **Compromiso público con la fiscalidad**
- **Comportamiento en comparación con las empresas locales**

En el caso de las Cuatro Grandes, la encuesta se centró principalmente en las siguientes cuestiones.

- **Transparencia y confianza**
- **Función en la contratación**

- **Retención del personal**
- **Agresividad/espíritu de la ley**
- **Influencia en el comportamiento de los clientes**
- **Comportamiento frente a los asesores locales**

Para más información, véase la encuesta completa en el siguiente enlace: https://www.oecd.org/tax/tax-global/survey-business-big-four-tax-practices-engagement.pdf

La encuesta fue respondida por 1 240 funcionarios (en su mayoría inspectores fiscales) que trabajan en administraciones tributarias de 138 países. Los resultados se han agrupado por promedios regionales: África (34 países, 206 respuestas), Asia (31 países, 372 respuestas), América Latina y el Caribe (30 países, 325 respuestas) y países de la OCDE (25 países, 225 respuestas). Los grupos regionales están en consonancia con el enfoque adoptado en trabajos anteriores en la bibliografía de la OCDE sobre moral tributaria y certeza tributaria (véase (OECD, 2019[2])). Los datos se han ponderado para garantizar que ningún país esté sobrerrepresentado en la muestra, con una ponderación máxima de un país del 10% por región.

Se han realizado varios ejercicios de sensibilidad para garantizar la solidez de los resultados. Por ejemplo, se controlaron la edad y el nivel para ver si los resultados variaban con la edad o la posición. Una vez que se controlaron estas variables, los resultados siguieron siendo válidos.

Encuesta de certeza fiscal

Los resultados previos del trabajo de certeza fiscal (véase (IMF/OECD, 2017[3]), (IMF/OECD, 2018[4]) y (OECD, 2019[2]), y su correspondiente encuesta y resultados también se han utilizado para complementar las percepciones de los funcionarios tributarios. La encuesta de certeza fiscal persigue analizar la naturaleza de la incertidumbre fiscal, sus causas principales y sus efectos en las decisiones empresariales, así como lograr una serie de enfoques concretos y prácticos para ayudar a los responsables de la formulación de políticas y a las administraciones tributarias a configurar un entorno fiscal con una mayor certeza.

La encuesta se distribuyó utilizando la red de la OCDE de funcionarios públicos, profesionales fiscales, la sociedad civil y las empresas, incluido el Business Industry Advisory Committee (BIAC) de la OCDE. La encuesta estuvo abierta entre octubre y diciembre de 2016 y recibió 724 respuestas de empresas con sede en 62 países diferentes. También se agregaron las respuestas específicas de cada país por regiones (África, Asia, Latinoamérica y el Caribe y la OCDE). Este enfoque ofrece un número significativo de observaciones diferentes en cada región y también cuenta con un número considerable de observaciones diferentes por país, aunque en ninguna región el país que los encuestados eligieron con mayor frecuencia representa más del 35% de las respuestas.

Mesas redondas

Como complemento de los resultados empíricos procedentes de las encuestas, se organizaron una serie de mesas redondas virtuales regionales entre diciembre de 2020 y mayo de 2021:

- Mesa redonda de LAC sobre moral tributaria (18-20 de mayo de 2021)
- Mesa redonda de África sobre moral tributaria (27-28 de abril de 2021)
- Mesa redonda de OCDE/IOTA sobre moral tributaria (20 de enero de 2021)
- Mesa redonda de Asia sobre moral tributaria (7-8 de diciembre de 2020)

Las reuniones fueron organizadas conjuntamente por la OCDE y los principales socios regionales, entre ellos IOTA, CIAT, ATAF, el Study Group on Asian Tax Administration and Research (Grupo de Estudio sobre Administración Tributaria e Investigación de Asia; SGATAR) y el Banco Asiático de Desarrollo (BAD).

Asistieron a las mesas redondas administraciones públicas, EMN que operan en la región, profesionales fiscales y asociaciones empresariales relevantes. Su objetivo consistió en facilitar un diálogo entre las empresas y los gobiernos a fin de debatir con más detalle las conclusiones de las encuestas, centrándose en la identificación de cuestiones claves tanto para las EMN como para las autoridades tributarias, y las posibles herramientas y enfoques que se utilicen en el futuro. Todos los participantes recibieron un documento de referencia con un resumen de los resultados, así como un análisis inicial de las conclusiones principales pertinentes para la región, y todo ello fue complementado con una presentación realizada por la secretaría de la OCDE sobre los resultados de la encuesta. El resto de las mesas redondas consistieron en una combinación de mesas redondas moderadas y debates en grupos. Asistieron a estas mesas redondas más de 150 participantes de África, 160 de los países miembros de la IOTA, 160 de LAC y 130 participantes de Asia. Participaron delegados de casi 100 países en total.

Referencias

Business at OECD (2013), *BIAC Statement of Tax Best Practices for Engaging with Tax Authorities in Developing Countries*, https://biac.org/wp-content/uploads/2020/11/Statement-of-Tax-Best-Practices-for-Engaging-with-Tax-Authorities-in-Developing-Countries-Original-release-Sep-2013-1.pdf. [1]

IMF/OECD (2018), *Update on Tax Certainty: IMF/OECD Report for the G20 Finance Ministers and Central Bank Governors*, https://www.oecd.org/tax/tax-policy/tax-certainty-update-oecd-imf-report-g20-finance-ministers-july-2018.pdf. [4]

IMF/OECD (2017), *Tax Certainty: IMF/OECD Report for the G20 Finance Ministers*, https://www.oecd.org/tax/tax-policy/tax-certainty-report-oecd-imf-report-g20-finance-ministers-march-2017.pdf. [3]

OECD (2019), *Tax Morale: What Drives People and Businesses to Pay Tax?*, OECD Publishing, https://doi.org/10.1787/f3d8ea10-en. [2]

www.ingramcontent.com/pod-product-compliance
Lightning Source LLC
LaVergne TN
LVHW061944070526
838199LV00060B/3962